reinhardt

Beiträge zur Frühförderung interdisziplinär – Band 11

Herausgegeben von Dr. Martin Thurmair
Arbeitsstelle für Frühförderung Bayern
Seidlstr. 4, D-80335 München

Förderung frühgeborener Kinder mit Musik und Stimme

Monika Nöcker-Ribaupierre
Marie-Luise Zimmer

Mit einem Vorwort von Friedrich Porz

Ernst Reinhardt Verlag München Basel

Dr. *Monika Nöcker-Ribaupierre*, München, Diplom-Kapellmeisterin, Diplom-Musiktherapeutin (BVM), Psychotherapeutin (HPG), Leiterin der Berufsbegleitenden Weiterbildung Musiktherapie (BWM) am Freien Musikzentrum, München

Marie-Luise Zimmer, Bremen, Musiktherapeutin/Lehrmusiktherapeutin (BVM), Traumatherapeutin (PITT), Psychotherapeutin (HPG) und Musikpädagogin

Titelfoto: Claudia Aengerheyster, Bremen. (Das Foto zeigt ein frühgeborenes Zwillingspaar. Oben rechts im Bild ist der Lautsprecher für die Einspielung von Musik oder Stimmaufnahme zu sehen.)

Bibliografische Information der Deutschen Bibliothek

Die Deutsche Bibliothek verzeichnet diese Publikation in der Deutschen Nationalbibliografie; detaillierte bibliografische Daten sind im Internet über <http://dnb.ddb.de> abrufbar.
 ISBN 3–497–01721–3
 ISSN 0940–8967

© 2004 by Ernst Reinhardt, GmbH & Co KG, Verlag, München

Dieses Werk, einschließlich aller seiner Teile, ist urheberrechtlich geschützt. Jede Verwertung außerhalb der engen Grenzen des Urheberrechtsgesetzes ist ohne schriftliche Zustimmung der Ernst Reinhardt GmbH & Co KG, München, unzulässig und strafbar. Das gilt insbesondere für Vervielfältigungen, Übersetzungen in andere Sprachen, Mikroverfilmungen und für die Einspeicherung und Verarbeitung in elektronischen Systemen.

Printed in Germany
Reihenkonzeption Umschlag: Oliver Linke, Augsburg
Satz: Satz+Layout Fruth GmbH, München
Druck und Bindung: Friedrich Pustet, Regensburg

Ernst Reinhardt Verlag, Kemnatenstr. 46, D-80639 München
Net: www.reinhardt-verlag.de Mail: info@reinhardt-verlag.de

Inhalt

Vorwort 8
Einführung 10

1 Das Leben eines frühgeborenen Kindes 14
   Medizinische Probleme 14
   Akustisches Umfeld einer Intensivstation 17
   Auswirkungen von Intensivstress 18

2 Das Hören 20
   Entwicklung des Hörens 20
   Beobachtungen zum Hören vor und nach der Geburt 22
   Verknüpfungen mit anderen Wahrnehmungsbereichen 23

3 Musik auf einer Intensivstation –
**   Darstellung verschiedener Methoden** 26
   Funktionale Stimulation mit Musik 26
   Medizinische Musiktherapie – medical music therapy ... 26
   Beziehungsorientierte Arbeit mit Life-Musik 30
   Praktische Zusammenfassung 31

4 Die Mutter-Kind-Bindung 32
   Entwicklung während der Schwangerschaft 33
   Bindung nach der Geburt 38
   Bindung in psychodynamischen Theorien 39
   Bindung nach einer zu frühen Geburt 40

5 Die zu frühe Geburt 42
   Auswirkungen auf das Kind 42
      Verlorene Klangwelt des Mutterleibes 42
      Frühe Verlusterfahrung 43
      Auswirkungen auf die Entwicklung 44
   Auswirkungen auf die Mutter 45

6 Bedeutung der Mutterstimme 51

7 Auditive Stimulation mit Mutterstimme 54
Forschung 54
Krisenintervention für die Mutter 58
Krisendefinition und Krisenintervention 58
Setting 62
Trauerprozess 68
Beobachtungen und Erfahrungen 71
Frühprävention für das Kind 76

8 Praktische Vorschläge für die Station 78

9 Praktische Vorschläge für zu Hause 84
Musiktherapie – eine Hilfe bei Störungen
in der Beziehungsgestaltung 87
Zusammenfassung 88

Anhang 89
Warum Selbsthilfegruppen? 89
Reportage: „Mamas Stimme macht stark" 93
Bücher für zu Hause – eine Auswahl 96
Fachbücher 96
Fingerspiele, Lieder und Reime 96
Literatur 97
Glossar 103
Sachregister 106

Für unsere Kinder

*Uli,
Claus,
Cathi,
Hannah*

Vorwort

Dank großer Fortschritte in der Geburtshilfe und Neugeborenenintensivtherapie überleben immer kleinere Frühgeborene. Erkauft wird dies mit medizinischen Problemen, die viele Beeinträchtigungen mit sich bringen können. Durch den langen Krankenhausaufenthalt dieser Kinder ergeben sich in bedenklich hohem Maße psychosoziale Deprivationen mit daraus resultierenden späteren Verhaltensauffälligkeiten.

Für die Eltern ist eine Frühgeburt mit großen Belastungen verbunden. Die Schwangerschaft ist verkürzt und wichtige Phasen, die den Eltern helfen, sich seelisch auf ihr Kind einzustellen, werden nicht durchlaufen. Die Geburt findet meist unter dramatischen Umständen in einer Notfallatmosphäre statt. Das Kind wird von der Mutter getrennt und stationär intensivmedizinisch versorgt, die Eltern können nur sehr eingeschränkt Kontakt zu ihrem Kind aufnehmen. Das kann zu folgenschweren Auswirkungen auf die Beziehung zwischen Eltern und Kind führen. Die besonderen Umstände der Geburt und der Folgezeit prägen sowohl die weitere Entwicklung des Kindes als auch die Art und Weise, wie Eltern ihr Kind wahrnehmen. Neben anderen sozialen und biologischen Faktoren ist der Umgang der Eltern mit ihrem Kind eine wichtige Determinante der kindlichen Entwicklung. Deshalb ist es unsere vordringliche Aufgabe, den Eltern in dieser schwierigen Ausgangssituation zu helfen, durch frühe Kontaktaufnahme eine positive Beziehung zu ihrem Kind aufzubauen.

Wir als Klinikpersonal müssen die Rahmenbedingungen dafür schaffen und auch bereit sein, uns emotional auf die Sorgen der Eltern einzulassen.

Seit einigen Jahren werden deshalb Ansätze entwickelt, von der „High-Tech-Medizin" wegzukommen – hin zu einer menschlicheren Intensivmedizin. So wurden in vielen Kliniken inzwischen die „Kängurumethode" und die individualisierte entwicklungsfördernde Pflege von Heideliese Als eingeführt. Beide Methoden zeigen, wie die Rahmenbedingungen der Intensivtherapie verändert werden können, wenn wir die Beziehung zwischen Kind und Eltern im Auge behalten.

Taktile Stimulation, Bewegungsstimulation und akustische Stimulation stellen weitere Möglichkeiten dar, einer Reizverarmung entgegenzuwirken, zur Beruhigung beizutragen und die Selbstregulation des Kindes zu fördern. Dabei scheint der akustischen Stimulation eine besondere Bedeutung und Qualität zuzukommen. Dem Frühgeborenen fehlt die im letzten Schwangerschaftsdrittel besonders intensive rhythmische Stimulation durch die Klangumgebung im Mutterleib. Und es fehlt ihm nicht nur die Mutterstimme, auf die es schon intrauterin reagiert, sondern auch der dadurch ermöglichte emotionale Dialog des Kindes mit der Mutter.

Monika Nöcker-Ribaupierre und Marie-Luise Zimmer kommt nun das große Verdienst zu, das Thema der Förderung zu früh geborener Kinder mit Musik und Stimme einem größeren interessierten Publikum verständlich nahe zu bringen. Ausgehend von der Umgebung dieser Kinder mit den damit verbundenen Problemen und der Entwicklung des Hörens werden verschiedene Methoden der Musiktherapie auf der Intensivstation vorgestellt. Die Kapitel über die Mutter-Kind-Bindung und die Auswirkungen der zu frühen Geburt lassen es folgerichtig erscheinen, dass die beschriebene musiktherapeutische Methode der Auditiven Stimulation mit Mutterstimme die dem Frühgeborenen angemessenste Intervention ist. Neben der individuellen Förderung des Kindes zielt diese Arbeit auf die Wiederherstellung der unterbrochenen Beziehung und Intensivierung der Mutter-Kind-Bindung, die entscheidende Faktoren für die spätere Entwicklung des Kindes darstellen.

Um die Vorteile dieser Förderung zu vertiefen, runden praktische Vorschläge das Buch ab.

Es ist zu hoffen, dass wir als Fachleute durch dieses Buch angesprochen und motiviert werden, dass aber auch die Eltern diese Form der Unterstützung für ihr Kind und für sich bei uns einfordern und uns zwingen, uns mehr damit zu beschäftigen.

Dr. Friedrich Porz,
Kinderarzt, Neonatologe,
Oberarzt Kinderkliniken Klinikum Augsburg,
Leiter der „Augsburger Nachsorgeforschung"
im beta institut für sozialmedizinische
Forschung und Entwicklung

Einführung

Kinder, die ihr Leben in einer Intensivstation beginnen, brauchen unsere ganz besondere Fürsorge und Aufmerksamkeit. Wenn wir beide heute ein Buch über die Möglichkeiten schreiben, wie mit Musik früh- und neugeborene Kinder gefördert werden können, erinnern wir uns an unsere eigenen Erlebnisse und Erfahrungen, die zwar schon viele Jahre zurückliegen, aber in der Folge unser beider Leben entscheidend geprägt und verändert haben.

> **Cathi** (N.-R.) wurde als mein zweites Kind im Dezember 1976 geboren, nach einer Schwangerschaft von 26 Wochen und mit einem Geburtsgewicht von 950 Gramm. Sie benötigte sofort und bis zu ihrem eigentlichen Geburtstermin im März 1977 künstliche Beatmung. Während dieser Zeit hatte sie vielerlei Komplikationen durchzustehen, u.a. eine Soorsepsis, Leberfunktionsstörungen und rezidivierende Atemstillstände. Auch Veränderungen in der Lunge (bronchopulmonale Dysplasie) machten ihr in der Folge erhebliche Schwierigkeiten. Sie konnte zwar nach fünf Monaten nach Hause, musste aber wenig später wieder wegen einer schweren Herzinsuffizienz intensivmedizinisch behandelt werden, wovon sie sich nur langsam erholte. Von diesem Herbst an hatte Cathi keine größeren medizinischen Probleme mehr. Sie ist bis heute sehr widerstandsfähig geblieben. Dagegen machte ihre sonstige Entwicklung Sorgen. Mit viereinhalb Jahren hatte sie eine regelrechte Therapiekarriere durchlaufen: 22 Monate Vojta-Krankengymnastik, bis sie mit drei Jahren frei lief, dazu zwei Jahre Beschäftigungstherapie, ein halbes Jahr Musiktherapie, psychologische Betreuung und Montessori-Therapie, dies wegen der Möglichkeit eines späteren Schulbesuches. Sie besuchte den „normalen" Kindergarten einer Freundin; zwar beteiligte sie sich fast nie an gemeinsamen Spielen, aber sie ging gerne hin. Im Alltag hatte ich vor allem mit ihren autistischen Verhaltensweisen zu kämpfen, wie Nicht-Reagieren, Interesse an Mechanisch-Maschinellem, stereotype Bewegungsmuster und ihrer sehr verzögerten Sprachentwicklung, bis ich herausfand, dass sie auf Singen reagierte. Also sang ich für Cathi! Sprechen mit ihr wurde zu Singen mit ihr. Auf diese Weise konnte ich ihre stereotypen Handlungen unterbrechen und ihr Interesse an Kontakt wecken. Mit Hilfe von Musik und jahrelanger Festhalte- und Spieltherapie verbesserte sich ihre Kommunikationsbereitschaft und

-fähigkeit ganz entscheidend. Sie liebt noch heute Musik. Barockmusik, Beethovens Klavierkonzerte, Mozarts Violinkonzerte und Lieder – Kinderlieder und Volkslieder – , die sie mit allen Strophen singt. Sie liebt Bücher zum Blättern, zum Vorlesen oder gegenseitigen Vorlesen und Reimen mit ihrem Vater. Viele Texte von Wilhelm Busch kann sie auswendig.

Nach acht Jahren Montessorischule in München wollte sie, wie ihr Cousin, in eine Schule, in der man „auch wohnen kann". Ich suchte und fand eine anthroposophische Dorfgemeinschaft. Dort lebt sie heute zufrieden und arbeitet in der Gärtnerei – sie freut sich jeden Monat, wenn sie zum Wochenende nach Hause kommt, und sie freut sich am Sonntagabend, wenn sie wieder zurück in ihr Dorf fährt. Sie hat sich zu einer zufriedenen, in sich ruhenden jungen Frau entwickelt, die mein Leben ungeheuer bereichert.

Claus (Z) wurde 1973 geboren und ist mein erstes Kind. Es war eine sehr schwierige und langwierige Zangengeburt. Ziemlich schnell stellte sich heraus, dass er mit einer Missbildung des Darmes geboren war (Morbus Hirschsprung), die nur operativ behandelt werden konnte. Teile des Dickdarms mussten entfernt werden. Damals gab es nur wenige Kliniken in Deutschland, in denen diese Babys operiert werden konnten. Claus wurde künstlich ernährt und lag viele Monate auf der Intensivstation. Hinzu kam eine ausgeprägte Halbseitenschwäche als Folge eines epiduralen Hämatoms nach Zangengeburt.

Zu der Zeit war es überhaupt noch nicht üblich, dass Mütter ihre Kinder auf der Station versorgen durften. Mir wurde es gewährt, weil ich damals 350 km weit entfernt von der Klinik wohnte. Ich selber erlebte diese Zeit als extreme psychische Belastung. Ein wirkliches Chaos von Gefühlen wechselte oft im Minutentakt, wenn ich morgens auf die Station kam. Wie finde ich meinen Sohn heute vor? Ist in der Nacht etwas Dramatisches geschehen? Gibt es hoffnungsvolle Nachrichten, oder bekommen die Todesängste um Claus neue Nahrung? Es gab selten jemanden, mit dem ich sprechen konnte, denn damals gab es noch keine psychosoziale Unterstützung für uns Mütter. So saß ich täglich neben dem Inkubator, fühlte mich allein und überfordert und wusste nicht, wie ich Kontakt zu meinem „verkabelten" Sohn aufnehmen sollte. Da begann ich zu singen. Ich sang für Claus und sang für mich. Ich sang Lieder für uns beide, und plötzlich veränderte sich meine Angst – wenigstens für eine kurze Weile hatten wir etwas gemeinsam: die Musik mit meiner Stimme.

Claus musste noch viele Jahre schmerzhafte medizinische Behandlungen über sich ergehen lassen. Mit 20 Mahlzeiten pro Tag wurde er mühsam aufgepäppelt, ehe er normal ernährt werden konnte. In der Folge wurde er ein eher kontaktscheues und auch ängstliches Kind. Sehr

> früh begann Claus dann auf eigenen Wunsch Cello zu spielen. Das Cello wurde für ihn zum Kontakt-Instrument, mit dem er seine Ängste und Hemmungen überspielen konnte, und führte ihn mitten hinein in Spielkreise und Orchester, in den Dialog und Kontakt mit Gleichaltrigen. Die gestörte Feinmotorik seiner linken Hand verbesserte sich durch das Cellospiel derart, dass er mit 12 Jahren alle motorischen Beeinträchtigungen überwunden hatte. Musiktherapie mit dem Cello!
> Heute ist er ein wunderbarer junger Mann mit einem großen Freundeskreis, zu dessen Leben die Musik gehört.

Als Frühgeborene bezeichnet man Kinder, die nach einer Schwangerschaftsdauer von weniger als 37 Wochen zur Welt kommen. Das sind bundesweit von jährlich 800.000 lebend geborenen Kindern 80.000, davon etwa 4000 mit einem Geburtsgewicht unter 1000 Gramm. In einer Übersicht aus Bayern heißt es: in München wiegen von 11.000 Kindern pro Jahr 400 Kinder bei ihrer Geburt weniger als 1500 g.

Die Überlebenschancen frühgeborener Kinder haben sich dank des intensivmedizinischen Fortschritts ständig verbessert. Dennoch gibt es immer noch große Probleme in der Entwicklung sehr kleiner Frühgeborener. Auf einer Tagung im Jahr 2001 in München wurden die Ergebnisse der Bayerischen Perinatal-Studie (Riegel et al. 1995) in Bezug auf frühgeborene Kinder zusammengefasst. Bei diesen Kindern treten in ihrem späteren Leben folgende Probleme gehäuft auf:

- 37 % Behinderung der Wahrnehmung (10 % bei reif geborenen Kindern)
- 35 % Einschränkung des Sehens
- 9 % Hörstörungen
- 20 % Schulprobleme
- 7,7 % Cerebralparesen (1,9 % bei reif geborenen Kindern)
- 30 % eingeschränkte Intelligenz

Diese Zahlen demonstrieren, dass noch intensiver über Verbesserungen nachgedacht und auch geforscht werden muss.

Eine Frühgeburt hat Auswirkungen auf die weitere Entwicklung eines Kindes. Es gibt zwei Ansätze, um den daraus entstehenden Problemen zu begegnen: zum einen eine umgebungsbewusste, sanfte und individuelle Ausrichtung der Intensivpflege, zum anderen den verantwortungsbewussten Umgang mit Müttern und Vätern, um sie in dieser Situation optimal zu unterstützen.

Beide Ansätze zeigen Erfolge, die uns Mut machen: sowohl die Ergebnisse von Heidelise Als / Boston mit ihrem NIDCAP-Konzept (Newborn Individualized Developmental Care and Assessment Program = Individualisiertes Neugeborenen-, Entwicklungs-, Förderungs- und Erfassungsprogramm) (Als 1998), als auch das Konzept der „sanften Pflege" von Marina Marcovich/Wien (Marcovich 1997). Ebenso wie die oben genannte Münchner Studie belegen amerikanische follow-up Studien von Achenbach et al. (1993) und Als/Gilkerson (1997), dass die Familienstabilität einen signifikanten Einfluss auf die Entwicklung eines Kindes hat.

Dass wir ein ganzes Buch über die Förderung von frühgeborenen Kindern mit Musik und Mutterstimme schreiben, hat mit der Wirkung von Musik zu tun. Wir werden aufzeigen, dass Musik extrem kleine frühgeborene Kinder – das sind Babys, die vor der 28. Schwangerschaftswoche geboren sind – und deren Eltern im Intensiv-Alltag unterstützt. Musik kann ein Medium dafür sein, eine durch die vorzeitige Geburt bedrohte Mutter–Kind–Bindung zu stärken. Wir informieren über biomedizinische und organische Voraussetzungen des Hörens, darüber, wie sich Hören entwickelt und was das Hören für den Menschen bedeutet. Es wird die physiologische Wirkung von Musik und die Psychodynamik der Mutter sowie der Mutter-Kind-Bindung beschrieben. Wir berichten über die professionelle therapeutische Verwendung von Musik und Mutterstimme, wie sie von Musiktherapeuten in einer Neugeborenen-Intensivstation beforscht und angeboten wird. Darauf aufbauend werden die verschiedenen musikmedizinischen und musiktherapeutischen Ansätze und ihre Möglichkeiten dargestellt.

Wir werden dabei sorgfältig und deutlich unterscheiden, in welcher Weise beruhigende Musik für das Kind im Inkubator sinnvoll ist und später in Eigenverantwortung fortgesetzt werden kann. Dagegen ist gezielte musiktherapeutische Unterstützung und Hilfe zwingend notwendig, wenn es darum geht, die bedrohte Mutter-Kind-Bindung wieder herzustellen. In diesem Fall genügt es nicht, sich auf die Wirkung von Musik allein zu verlassen, wie wir anhand unterschiedlicher Fallbeispiele aus der klinischen Praxis verdeutlichen.

Wir wollen mit diesem Buch betroffene Eltern und Mitarbeiter der Kinderkliniken ermutigen, Musik zur Unterstützung und Förderung bei diesen zu früh geborenen Kindern anzuwenden. Wann kann Musik in eigener Verantwortung eingesetzt werden und welche Musik ist für diese Kinder geeignet? Wann aber ist im Gegensatz dazu professionelle musiktherapeutische Hilfe notwendig? Das Buch wird diese Fragen beantworten und allen Beteiligten gezielte Hilfestellung im Umgang mit Musik bei sehr kleinen Frühgeborenen vermitteln.

Monika Nöcker-Ribaupierre
Marie-Luise Zimmer

1 Das Leben eines frühgeborenen Kindes

Zu früh geborene Kinder werden sofort nach der Geburt auf eine Intensivstation verlegt. Durchsichtige Inkubatoren, gläserne Kinderbettchen und eine Vielzahl technischer Geräte stehen in diesen Räumen. Das Baby ist allein. Ihm fehlt der beruhigende und wärmende Körperkontakt der Mutter, der ihn im Mutterleib vor Gefahren beschützt hat. Das Kind ist plötzlich mit vielen Menschen und medizinischen Problemen konfrontiert und hat sich der neuen hochtechnischen und unphysiologischen Umgebung mit all ihren störenden Einflüssen und Geräuschen anzupassen.

Medizinische Probleme

Das zu früh geborene Kind ist strukturell und funktionell unreif. Oft bedeuten die Bedingungen, die zur Frühgeburt führten, wie etwa eine intrauterine Mangelernährung oder eine mütterliche Infektion, noch eine zusätzliche gesundheitliche Belastung für das Baby und machen es anfälliger für Neugeborenen-Erkrankungen. Während der Schwangerschaft sorgt die mütterliche Plazenta für Sauerstoff, Nahrung und Entgiftung, sie bietet Wärme, Feuchtigkeit und Schutz. Die zwangsweise vorverlegte Anpassung an extrauterine Bedingungen birgt für alle Organsysteme unzählige Probleme. Bei Kindern, die vor der 32. Schwangerschaftswoche (SSW) auf die Welt kommen, ist die Infektabwehr noch kaum vorhanden. Sie sind deshalb extrem anfällig für jede Art von Infekten.

Schon die ersten Minuten nach der Geburt sind entscheidend für das Überleben und das Vermeiden von Gehirnschäden. Wie gelingt die Umstellung vom Mutterleib auf das Leben außerhalb der schützenden Umgebung? Welche Aufgaben hat der Organismus zu erfüllen? Der Kreislauf muss sich umstellen. Leber und Niere müssen beginnen, den kleinen Körper zu entgiften. Die Lungen müssen die Atmung übernehmen. Unreife Lungen fallen nach jedem Atemzug zusammen, deshalb werden diese Kinder häufig künstlich beatmet. Dabei kommt es entscheidend auf die exakte Dosierung des Luftvolumens, des Beatmungsdruckes und des Sauerstoffgehaltes an. Über- und Unterdosierung verursachen gleich folgenschwere Schäden und können Zellen im Körpergewebe zerstören. Wenn Kinder sehr unreif zur Welt kommen, müssen sie einerseits beatmet werden, weil sie sonst nicht lebensfähig sind, andererseits kann eine forcierte Beatmung das Lungengewebe nachhaltig zerstören.

Das Gehirn ist durch Blutdruck- und Durchblutungsschwankungen hochgefährdet.

Das Verdauungssystem ist nicht ausgereift. Die Kinder werden mit Hilfe maschinell überwachter Infusionen ernährt, bis man ihnen langsam zusätzlich winzige Mahlzeiten über eine Magensonde geben kann.

Frühgeborene Kinder müssen häufig Bluttransfusionen bekommen; sie können noch nicht ausreichend eigenes Blut bilden, um den Mehrbedarf zu decken, der durch die Blutkontrollen und das schnelle Wachstum entsteht.

Nach der zu frühen Geburt werden die Babys in einen Inkubator gelegt, der mit Wärme und feuchter Luft dafür sorgt, dass die dünne ungeschützte Babyhaut nicht austrocknet, und der sie vor lebensgefährlicher Abkühlung bewahrt. Außer Wärmeschutz, bedingter Abgeschlossenheit und kontinuierlicher Flüssigkeits- und Kalorienzufuhr über Infusionen erinnert im Inkubator nichts mehr an die zu früh verlassene Umgebung des Mutterleibes, an intrauterinen Schutz und Geborgenheit.

Das Kind wird im Inkubator einer Menge von Reizen ausgesetzt, die es noch nicht adäquat aufnehmen und verarbeiten kann: ständig helles Licht, durch Öffnen der Durchgriffslöcher bedingte Temperaturschwankungen, eintönige Maschinengeräusche, ungedämpfte Außengeräusche, Bewegungseinschränkung, häufige – meist kurze – mitunter auch schmerzhafte Manipulationen.

Im Inkubator fehlen dem Baby alle intrauterinen Geräusche, die schützende Dunkelheit und Wärme des Mutterleibes, die Möglichkeit des häufigen Lagewechsels und die Bewegungsfreiheit im Fruchtwasser.

Allerdings bedeutet Frühgeburt nicht zwangsläufig Krankheit: „Kleine Frühgeborene sind in der Regel bis zur Geburt gesunde Feten, die wegen der an ein Leben außerhalb des Mutterleibes nicht adaptierten Unreife aller ihrer Organsysteme und der daraus drohenden sekundären Erkrankungen intensivmedizinisch behandelt werden müssen" (Albrecht/Zimmer 2000). Um überleben zu können, haben diese Kinder meist einen monatelangen Klinikaufenthalt vor sich. Die Länge des Krankenhausaufenthaltes hängt vom Reifungsgrad und Gesundheitszustand des Babys ab. Wenn keine zusätzlichen Probleme vorliegen, muss die Mutter in der Regel ungefähr bis zum eigentlichen Geburtstermin rechnen, bis sie ihr sehr früh geborenes Baby mit nach Hause nehmen kann. Die Medizin ist also auch nicht schneller als der Mutterleib.

In der Schwangerschaft sind die Sinnesorgane – die Haut, die Augen, das Hörorgan – bereits sehr früh angelegt und haben auch bei extremer Frühgeburt schon einen hohen Differenzierungsgrad erreicht. Hier sind sie jedoch durch fremde, störende und schädigende Einflüsse belastet. Die Augen der Kinder sind 24 Stunden hellem Licht ausgesetzt. Die Intensität des Lichtes auf Neugeborenen-Intensiv-Stationen hat sich in den letzten 20 Jahren um das 5- bis 10-fache erhöht, im Durchschnitt auf etwa 200 bis 500 Lumen/m². Durch die Lichtintensität, aber auch durch die wachsende Zahl sehr kleiner Frühgeborener wird die zunehmende Häufigkeit einer Frühgeborenen-Netzhauterkrankung (Retinopathie) erklärt – einer Erkrankung, die bis zur Blindheit führen kann. Diese betrifft besonders sehr kleine Frühgeborene mit weniger als 1000 g Geburtsgewicht (Glass et al. 1985).

Die taktilen Erfahrungen eines sehr kleinen frühgeborenen Kindes beschreibt Newman (1980). Auch wenn die Eltern ihr Baby anfassen und berühren, erlebt das Kind taktile Erfahrungen doch weitgehend durch Pflegepersonal und Ärzte im Zusammenhang mit der Routinepflege: Wechseln der Windeln, Reinigen des Inkubators, Temperaturmessen, Füttern, Sondieren... Häufig wehren sich die Kinder gegen diese Maßnahmen. Alle reagieren mit Weinen auf schmerzhafte Manipulationen, auf invasive Eingriffe, wie Blutabnahmen, Infusion legen und Intubation. Die kleinsten, zerbrechlichsten und am meisten beeinträchtigten Frühgeborenen werden am häufigsten angefasst, weil sie intensiver behandelt werden müssen. Soziale Kontakte durch liebevolles Berühren, Sprechen oder Schaukeln kommen unregelmäßig vor.

Die Versorgung der sehr kleinen Frühgeborenen wird weitgehend von der Routine der Station bestimmt und weniger von den Bedürfnissen und dem Verhalten des Kindes.

Wolke (1991) berichtet von Studien aus angelsächsischen Ländern über die Häufigkeit von Störungen durch Manipulationen. Diese sind in den 80er Jahren dramatisch von 132 auf 234 Manipulationen pro Tag angestiegen! Sehr kleinen Kinder, die derart häufig und unvorbereitet gestört werden, bleibt kaum Zeit, sich von all dem zu erholen.

Dieses Missverhältnis zwischen der Versorgung und den psycho-biologischen Bedürfnissen der Kinder ist ein Problem, dessen sich Intensiv-Ärzte und -Schwestern bewusst sind. Trotzdem hat sich in den letzten 20 Jahren die Bewegung der „Sanften Pflege", die von Marina Markovich (Wien) aus ging, in Deutschland nur zögerlich durchgesetzt, obwohl die Mitglieder des Bundesverbands „Das frühgeborene Kind e.V." aufklärende Arbeit geleistet haben. In den USA gibt es das Behandlungskonzept NIDCAP, das Heidelise Als in Boston entwickelt hat. Beides sind Konzepte, die von den Bedürfnissen des unreifen Kindes ausgehen und diese als Grundlage der Versorgungsphilosophie und Behandlung der Kinder und ihrer Eltern nehmen. Für uns ist besonders interessant, dass Als in ihrem Konzept dem Hören und der Hörentwicklung eine zentrale Bedeutung beimisst.

Akustisches Umfeld einer Intensivstation

Wenn man eine Neugeborenen-Intensivstation betritt, taucht man in eine besondere Geräuschkulisse ein. Hier ist es laut und chaotisch, ohne vorhersehbare Muster oder Rhythmen. Grundsätzlich ist der Lärmpegel auf Intensivstationen höher als auf anderen Stationen. Im Inkubator herrscht ein ständiges Grundgeräusch von 55 bis 75 dB, ebenso im umgebenden Intensivpflegeraum. Dies entspricht der Lärmbelastung durch einen Staubsauger oder starken Autoverkehr. (Long et al. 1980; Philbin 2000).

Auch wenn ein Inkubator den Eindruck erweckt, als schirme er das Baby akustisch von der Außenwelt ab, so ist eher das Gegenteil der Fall. Er wirkt durch seine Geschlossenheit wie ein Verstärker, so dass Geräusche und Stimmen von außerhalb im Inkubator lauter zu hören sind. Das Baby ist also zum einen ununterbrochen den niedrigfrequenten Motorgeräuschen des Inkubators ausgesetzt, zum anderen dringt unvermutet und plötzlich immer wieder Lärm von außen an seine Ohren. Es kann sich dagegen nicht schützen oder zur Wehr setzen. Die technischen Vorrichtungen des Inkubators liegen in einem Frequenzbereich unter 500 Hz. Das Grundgeräusch verändert die Außengeräusche: Frequenzen über 500 Hz sind nur sehr dumpf zu hören, d. h. die Stimmen werden entsprechend gefiltert und dadurch verfremdet; sie sind hier nur im Bereich von 1000 bis 5000 Hz gedämpft und unverständlich zu hören. Gespräche z. B. im Rahmen von Visiten vor dem Inkubator werden von drinnen mit einer Lautstärke von bis zu 90 dB wahrgenommen. Erst recht stören die sogenannten Impulsgeräusche, wie Schließen des Inkubators, Gegenstände auf den Inkubator legen, die Stationstür zufallen lassen, das Läuten des Telefons, Musik oder Wortübertragungen aus dem Radio des Schwesternzimmers. Sie erreichen eine Lautstärke bis zu 114 dB, das entspricht dem Lärm eines Presslufthammers aus unmittelbarer Nähe. Für das menschliche Ohr ist bei 114 dB die Schmerzgrenze erreicht (Amerikanische Akademie für Kinderheilkunde: AAP Komitee zur Umwelt-Medizin 1997).

Neben großer persönlicher Achtsamkeit gibt es auch andere Möglichkeiten, die diesem Problem abhelfen. Eine Studie aus den USA (Zahr / Traversay 1995) hat gezeigt, dass bei Babys eine höhere Sauerstoffsättigung gemessen wurde, wenn ihre Ohren durch Ohrschützer von den Stationsgeräuschen abgeschirmt wurden. Außerdem konnte bei diesen Kindern eine längere Schlafphase nachgewiesen werden gegenüber den „ungeschützten" Kindern.

Frühgeborene Kinder reagieren auf Geräusche anfangs klar erkennbar mit ruckartigem Zusammenfahren, manchmal so stark, dass dadurch das Befinden in der ersten Lebenswoche beeinträchtigt wird. Bis zur dritten Woche ist diese Empfindlichkeit so weit abgeschwächt, dass man annehmen kann, das Kind habe sich an die neue Umgebung gewöhnt (Habituierung). Hördefekte durch das Grundgeräusch werden für ziemlich ausgeschlossen gehalten. Häufig bleiben ehemalige kleine Frühgeborene in ihrem weiteren Leben aber äußerst geräuschempfindlich.

Aus dieser Geräuschkulisse ist die Stimme der Mutter kaum herauszuhören. Das Neugeborene hört ihre Stimme nur in Zeiten, in denen die Mutter ihr Kind nah bei sich hat – meist fehlt sie gänzlich. Graven (2000) empfiehlt, die Lautstärke auf den Stationen so zu gestalten, dass das Baby in den Armen der Mutter ohne Mühe ihre Stimme erkennen kann. In Schweden hat man dies inzwischen erreicht. Dort findet man auf den Intensiv-Stationen für Frühgeborene einen mittleren Geräuschpegel von 38 dB (Fischer / Als 2003).

Auswirkungen von Intensivstress

Im Allgemeinen liegen die Patienten auf Intensivstationen inmitten einer überwältigenden Fülle von Technik, medizinischen Apparaten und anderen technischen Geräten. Sie haben keine Möglichkeit, in einer Weise zu kommunizieren, die wir gewohnt sind und die wir verstehen. Wir können den Zustand ihres Bewusstseins, ihrer affektiven Befindlichkeit und ihrer Entwicklung nur anhand von Elektroencephalogramm (EEG), Herzschlagveränderungen, Sauerstoffsättigung, sichtbaren Reflexen, Aufregung oder motorischer Unruhe und vegetativen Reaktionen beobachten und versuchen, diese zu interpretieren.

Es ist möglich, Anzeichen von Stress, Angst oder Unruhe zu sehen und über messbare physiologische Parameter zu beobachten. Man weiß, dass die Routinebehandlung, das durchgehend angeschaltete Licht, der exzessive Lärm Stress bewirken. Oft müssen die Patienten medikamentös beruhigt werden, um den Stress und die daraus entstehenden physiologischen Erscheinungen zu reduzieren.

Ebenso wie erwachsene Patienten reagieren frühgeborene Kinder von Anfang an sicht- und messbar auf diese unphysiologischen, unberechenbaren Außengeräusche mit psycho-physiologischen Störungen. Mehrere Untersuchungen belegen die akuten und langfristigen Auswirkungen von Lärm auf das Verhalten und die Körperreaktionen frühgeborener Kinder. Man fand vermehrt Atempausen (Apnoen), sinkende Sauerstoffsättigung und Verlangsamung des Herzschlags (Bradycardien), große Blutdruckschwankungen, erhöhte Aufregung und Unruhe, Weinen, eine Potenzierung der Wirkung ototoxischer Medikamente und anhaltende Schlafstörungen bis hin zu Schlafentzug. Auch das vermehrte Auftreten von Sprachentwicklungsstörungen ist wenigstens zum Teil auf iatrogene Hörschäden und auditiv-zerebrale Verarbeitungsstörungen zurückzuführen (Long 1980, Gorski et al. 1990, Graven 2000).

Zur Stressbewältigung verbraucht das frühgeborene Kind erhebliche Energie, die es eigentlich für Wachstum und Entwicklung benötigt. Wir müssen deshalb auf Frühgeborenen-Stationen vorrangig Maßnahmen ergreifen, die den Stress bei diesen Kindern reduzieren.

Seit vielen Jahrzehnten wird aus diesem Grund auf Intensivstationen vermehrt Musik eingesetzt (Spintge/Droh 1992, Gustdorff/Hannich 2000, Schwartz 2003). Spintge lässt die Patienten seiner orthopädischen Klinik vor und während einer Operation selbst ausgewählte Musik hören. Die Untersuchungsergebnisse und Befragungen von weit mehr als 80.000 Patienten wertet er auf der Grundlage von Hirnforschung, hirnphysiologischer Wirkungsforschung und Emotionsforschung aus. Er nennt als medizinisch nutzbare Wirkung von individuell ausgewählter Musik: die Senkung des Stresshormonspiegels, eine Harmonisierung des Atemrhythmus, ein Herabsetzen der Muskelspannung, die Senkung von Herzfrequenz, Blutdruck, Sauerstoffverbrauch und Stoffwechsel. Er resümiert, dass Musik das Schmerzempfinden reduziert und die Angst, den damit verbundenen Stress und dessen physiologische Auswirkungen vermindert (Spintge/Droh 1992).

Dass dies auch für ein extrem frühgeborenes Kind gilt, haben zahlreiche Studien, vor allem aus den USA, überzeugend belegt.

2 Das Hören

Entwicklung des Hörens

In der Natur ist nichts dem Zufall überlassen. Sinn und Ziel jeglicher Entwicklung ist die Erhaltung der Art. Dem dienen auch unsere Sinnesorgane, die sowohl bei den einzelnen Arten als auch untereinander erheblich divergieren.

Warum funktioniert ausgerechnet das Hörvermögen unabhängig vom Bewusstseins- und Entwicklungszustand eines Menschen, und weshalb ist das Ohr so früh ausgebildet?

Säuger werden gleich nach der Geburt von ihren Eltern getrennt, müssen sich also sofort allein in der Welt zurecht finden. Deshalb ist bei ihnen das Ohr auch sofort nach der Geburt in der Lage, die unterschiedlichen akustischen Signale einzuordnen, um dann auf sie angemessen reagieren zu können. Es gibt Signale des Wohlbefindens und Signale, die Gefahr andeuten. Diesen Unterschied muss das Neugeborene erkennen, damit es sich vor entsprechenden Aggressionen anderer Lebewesen schützen kann. Da das Hörsystem sofort nach der Geburt gebraucht wird, entwickelt es sich schon vollständig vor der Geburt. Bei positiven akustischen Signalen kann das Baby gelassen sein, sich entspannen, Freude empfinden – also seelische Kraft tanken, wachsen und gedeihen. Alle Signale werden schon intrauterin verinnerlicht, damit sie nach der Geburt zur Verfügung stehen und als bekannt und vertraut erlebt werden.

Solch ein differenziertes Hörvermögen setzt in der pränatalen Zeit einen langen Entwicklungsweg voraus – das Gehör und das Hörvermögen müssen sehr früh ausgebildet werden.

Sowohl unter phylogenetischen als auch ontogenetischen Aspekten spielt die Entwicklung des Hörvermögens eine besondere Rolle. Die Phylogenese führt uns weit zurück in die vorgeschichtliche Zeit – in eine Zeit, in der die Säuger begannen, diese Erde zu besiedeln. Alle Lebewesen finden sich in der Welt über ihre Sinnesorgane zurecht. Landlebewesen haben seit jeher die Fähigkeit, Schall über Luftleitung zu hören. Säuger können dies seit vermutlich 180 Millionen Jahren. Diese Fähigkeit dient dem Überleben, der Arterhaltung und der Kommunikation. Im Laufe von Jahrmillionen haben sich die Umwelt- und Lebensbedingungen immer wieder verändert, auch für die Säuger. Um das eigene Überleben zu sichern, hatten sich ihre Sinnesorgane jedesmal diesen veränderten Lebensbedingungen anzupassen. Die erforderlichen Umbauprozesse erfolgten im Rahmen der Ausbildung und Erweiterung des Neokortex, indem sich bei immer höheren, überlebensfähigeren Arten – den höheren Säugern – dieser phylogenetisch jüngere Teil des Gehirns entwickelte. Einige Sinnesorgane haben diesen Umbauprozess vollzogen, wie das Sehen und der Tastsinn. Diese Sinne sind auch beim Menschen an einen funktionierenden Neokortex gebunden. Das Hören hat diesen Umbauprozess bzw. diese Verlagerung nicht mit vollzogen: die tiefer liegenden, subkortikalen Zentren blieben in ihrer alten Funktion weitgehend erhalten. Dies wird uns deutlich, wenn wir versuchen, mit einem bewusstlosen Menschen Kontakt aufzunehmen: er wird uns weder sehen noch spüren, wenn wir ihn berühren, aber er kann uns hören, auch wenn wir zunächst keinerlei Reaktionen wahrnehmen. Man weiß aus vielen Berichten von ehemals komatösen Patienten, dass sie sich sehr wohl an vieles erinnern, was um sie herum gesprochen wurde.

Die Erklärung liegt in der Struktur: Subkortikal, im Hirnstamm, werden u. a. die aus dem Ohr stammenden Informationen verarbeitet, bevor sie zum Kortex weitergeleitet werden. Also ist das Hören beim Menschen nicht an einen funktionierenden Kortex gebunden, denn das auditive System hat subkortikal eine erste Schaltstelle. Das bedeutet, dass beim Menschen das kortikale System dem subkortikalen nachgeschaltet ist: ein Hörreiz erreicht zuerst das subkortikale System und danach erst die Großhirnrinde. Diese Schaltstelle besitzt sowohl Verbindungen zu motorischen und prämotorischen Zentren als auch über den *Thalamus* zum *Limbischen System*, der Zentrale unseres affektiven Gesamtverhaltens und emotioneller Reaktionen. Ihr damit verbundener Einfluss auf das Limbische System ist weitgehend unabhängig von der kortikalen Verarbeitung. Damit ermöglicht diese subkortikale Verbindung, dass Klänge uns Menschen vegetativ, emotional und motivational beeinflussen. Diese Bahn funktioniert auch, wenn der Kortex beschädigt oder noch nicht entwickelt ist (Grothe 1995). Die Prozesse der Musikverarbeitung finden zentral in beiden Hirnhälften, im Limbischen System und im Hirnstamm statt.

Ab wann hört ein ungeborenes Kind? Wenn wir die intrauterine Entwicklung der einzelnen Sinnesorgane verfolgen, können wir feststellen, dass das Baby lange vor der Geburt dafür ausgestattet ist, Impulse über seine Sinnesorgane aufzunehmen. Die Sinnesorgane beeinflussen die strukturelle und funktionelle Entwicklung und sind ab dem jeweiligen Zeitraum von Bedeutung, in dem sie auftreten. Die ontogenetische Entwicklung verläuft folgendermaßen:

- Die erste Anlage des Ohres erscheint beim Embryo in der 3. Woche (etwa mit 20 Tagen).
- Der Nervenkern, aus dem der Hörnerv entspringt, ist ebenfalls schon angelegt.

- Ab 4 Wochen kann man die Entwicklung des Hörorgans beobachten.
- Das Corti-Organ ist mit 18 Wochen anatomisch voll funktionsfähig (Rubel 1984). Ab diesem Zeitpunkt ist Hörwahrnehmung anatomisch möglich.

Ab welchem Alter nun der Fetus akustische Reize speichert, wissen wir nicht genau. Aber man kann sehen, ab wann er reagiert. Ungeborene Kinder reagieren mit 24 Wochen Gestationsalter sichtbar auf extrauterine Klänge (Birnholtz/Benacerraf 1983), in Einzelfällen auch schon mit 19 Wochen (Hepper/Shahidullah 1994).

Zuerst kann man verhaltens- und elektrophysiologische Reaktionen auf tiefe und halbtiefe Frequenzen feststellen. Die Fähigkeit, auf hohe Frequenzen zu reagieren, entwickelt sich zuletzt. Das Hörvermögen des Erwachsenen – das gesamte Hörspektrum von 16 000 bis 20 000 Hz und die Fähigkeit zur Frequenzunterscheidung und Frequenzortung – wird bis zum Alter von zwei Jahren erreicht. Für die Fähigkeiten eines neugeborenen Kindes spielt dies eine große Rolle.

Beobachtungen zum Hören vor und nach der Geburt

Das ungeborene und das frühgeborene Kind hört. Es reagiert auf akustische Reize manchmal schon ab der 19. Schwangerschaftswoche, sicher ab der 24. SSW, wenn es neurologisch gesund ist. Das kann man mit Ultraschall beobachten.

Das gesunde, zum Termin geborene Kind nimmt pränatal Gehörtes also schon im Uterus wahr und erkennt es wieder, vor allem die Stimme seiner Mutter. Sie ist der hervorragende Laut, auf den es unmittelbar nach der Geburt immer wieder mit gleicher Aufmerksamkeit reagiert.

Mittels Kernspintomographie kann man bei Feten über die Hirnaktivität folgendes beobachten: Das Ungeborene zeigt deutlich messbare Hirnaktivität im Temporallappen – einer Region, in der akustische Reize verarbeitet werden – wenn es von der Mutter gesungene Kinderlieder hört.

Neugeborene Kinder haben eine Vorliebe für hohe Stimmen, sie bevorzugen die Stimme der Mutter gegenüber anderen Frauenstimmen. Erst als letztes reagieren sie auf Männerstimmen. Die amerikanischen Forscher DeCasper und Spence (1986) fanden dies bei einem Versuch heraus, in dem sie Hören und Saugen so kombinierten, dass das Baby bei schnellerem Saugen die Stimme seiner Mutter über Kopfhörer hörte, bei langsamerem Saugen die einer anderen Frau. Diesen Versuch wiederholten sie mit umgekehrtem Effekt: Alle Babys änderten rasch ihr Saugverhalten, um die Mutterstimme zu hören. Das Baby kann also mit Hilfe von etwas, was es selber steuern kann, wie hier das Saugen, vorher Gehörtes kontrollieren. Auf dieselbe Weise konnten die Forscher auch zeigen, dass das wenige Tage alte Kind einen pränatal gehörten, somit bekannten Text von einem unbekannten Text unterscheiden kann. Es konnte diese beiden Texte auch unterscheiden, wenn sie von einer anderen Frauenstimme vorgelesen wurden. Dieser Versuch wurde ebenfalls mit der Kopfhörer-Saug-Anordnung durchgeführt. Demnach erkennt das Baby sogar akustische Muster eines Textes wieder und nicht nur die Stimme als solche. Auch kann es eine fallende Skala von einer ansteigenden unterscheiden, wenn sie von derselben Stimme gesungen wird. Neugeborene unterscheiden auch zwischen Frauenstimmen ihrer eigenen und einer anderen ethnischen Gruppe. So bevorzugen z. B. schwarze Babys die Stimmen schwarzer – weiße Babys die Stimmen weißer Frauen (Übersicht in Nöcker-Ribaupierre 2003).

Das Neugeborene kann sogar beim Hören einer Tonaufnahme vorgeburtlicher Geräusche und Laute zwischen den Geräuschen im Leib seiner Mutter und denen einer anderen Frau unterscheiden (Righetti 1996). Diese hochentwickelte Unterscheidungsfähigkeit Neugeborener zeigt, dass akustische Gedächtnisspuren bereits pränatal bestehen und sich mit der Entwicklung des Hörsystems differenzieren.

Neueste Untersuchungen von amerikanischen Wissenschaftlern lassen vermuten, dass das Fruchtwasser, die Gebärmutter und ganz besonders die Flüssigkeit der Ohren hohe Frequenzen aus allen anderen Umgebungsgeräuschen herausfiltern und dämpfen. Smith (2003) beschreibt die Wahrnehmung der Mutterstimme: Sie klinge wie die einer Frau mit einer sehr tiefen Stimme und so gedämpft, als sitze sie hinter einem schweren Vorhang aus dickem Stoff.

Verknüpfungen mit anderen Wahrnehmungsbereichen

Das Neugeborene beginnt schon in den ersten Augenblicken nach der Geburt, Augen und Kopf in Richtung auf eine Geräuschquelle, hohe Stimmen und Geräusche von unbelebten Objekten hin zu bewegen. Klaus und Klaus (1988) haben beobachtet, dass Babys nicht nur Assoziationen zwischen Geräuschen und anderen Sinneseindrücken herstellen, sondern auch lernen können, auf dasselbe Geräusch unterschiedlich zu reagieren. Sie wählen ziemlich bewusst diejenigen Geräusche aus, die sie hören wollen. Zum Beispiel lernten Babys, die einen Tag alt waren, beim Klang einer Glocke den Kopf nach rechts zu drehen und gleichzeitig beim Ertönen eines Summers den Kopf *nicht* nach rechts zu drehen. Sie wurden für ihre Reaktion auf die Glocke mit Zuckerwasser belohnt. Auch das Gegenteil lernten sie sehr schnell: weil sie nur beim Ertönen des Summers das Zuckerwasser bekamen, drehten die Babys auch nur beim Summer den Kopf nach rechts, *nicht* bei der Glocke. Diese Fähigkeit, Verbindungen zwischen verschiedenen Sinneseindrücken herzustellen, nennt Stern

(1992) „*kreuzmodale Wahrnehmung*". Sie ist ein grundlegendes Element in der Entwicklung menschlicher Lernprozesse.

Auch die anderen Sinne – Tastsinn, Geschmacksempfinden und Geruchssinn – sind bei Geburt so differenziert entwickelt, dass das Baby mit ihnen seine Umwelt kennen lernt.

Der Tastsinn, der für viele Eindrücke empfänglich ist, gibt unter anderem dem Baby die Möglichkeit, sich selbst Befriedigung und Beruhigung zu verschaffen, indem es seine Finger in den Mund steckt. Schon in der frühen Schwangerschaft können wir dieses Verhalten über Ultraschall im Mutterleib beobachten.

Das neugeborene Baby mag von Anfang an körperliche Nähe, Wärme und liebevolle Berührung. Es hat eine Vorliebe für Süßes, es empfindet saure, salzige oder bittere Flüssigkeiten als unangenehm (Lipsitt 1977). Bestimmte geschmackliche Vorlieben scheint ein Kleinkind schon intrauterin „erlernt" zu haben (Mennella et al. 2001): Hat eine Mutter in der Schwangerschaft z. B. oft saure Gurken gegessen, isst das Kleinkind später oftmals auch gerne Gurken.

Der Säugling kann verschiedene Gerüche wieder erkennen. Er unterscheidet von Anfang an den Geruch der eigenen Muttermilch von dem Geruch einer anderen Milch (MacFarlane 1975). Wenn die Mutter mit ihrem Baby in der Periode des ruhigen Wachzustandes spricht, kann es sein, dass das Baby mit eher rhythmischen Bewegungen darauf reagiert, als ob es sich synchron zu ihren Worten bewege (Condon / Sander 1974).

Prechtl (1986) registrierte jahrelang bei Neugeborenen sämtliche Reflexe und Reaktionen auf die Umwelt. Er entdeckte dabei hinter den scheinbar zufälligen und ziellosen Aktivitäten erstaunlich sinnvolle Verhaltensmuster. Diese Verhaltensmuster ordnete er sechs verschiedenen Bewusstseinszuständen zu:

Drei Arten des Wachseins (ruhig, aktiv und Schreien), REM-Schlaf, Tiefschlaf und der Zustand des Schläfrigseins. Jeder der sechs Verhaltenszustände ist durch bestimmte individuelle Verhaltensmuster gekennzeichnet. Der ruhige Wachzustand ähnelt dem Erwachsenenzustand der bewussten Aufmerksamkeit.

Alle Forscher, die sich mit Reaktionen des Babys auf die Umwelt befassten, haben beobachtet, dass das Baby in diesem Zustand auf viele Eindrücke seiner Umgebung reagiert und sich ihnen anpasst. Man sieht erste Anzeichen natürlicher Neugier, wenn es versucht, seine Umwelt zu erfassen. Unmittelbar nach der Geburt bleiben gesunde Neugeborene im Durchschnitt 40 Minuten in diesem ruhigen Wachzustand, in der ersten Lebenswoche etwa ein Zehntel von 24 Stunden.

Im ruhigen Wachzustand bewegt sich das Baby kaum, die Augen sind groß und glänzend. In dieser Periode visueller Aufmerksamkeit lässt sich ein intensiver Blickkontakt herstellen. Dies ist von wesentlicher Bedeutung für den ersten Mutter-Kind-Dialog.

Neugeborene können einen roten Ball, der im Abstand von 20 bis 25 cm vor ihrem Gesicht bewegt wird, mit den Augen verfolgen. Sie haben Vorlieben für bestimmte Bilder (Frantz 1963) und können sogar den Gesichtsausdruck der Mutter nachahmen (Field et al. 1982).

Alle diese Beobachtungen zur Kompetenz des Säuglings besagen, dass der Säugling nicht nur von Anfang an in der Lage ist, auf Reize zu reagieren, sondern ebenso bereits über die Fähigkeit verfügt, einen Informationstransfer von einem Modus in einen anderen vorzunehmen. Dies erlaubt ihm, eine Entsprechung zwischen Haptischem und Visuellem zu erkennen und audio-visuelle Zuordnungen herzustellen.

Stern (1992) fasst dies so zusammen: Säuglinge können „dank einer angeborenen Fähigkeit – die man als kreuzmodale Wahrnehmung bezeichnen kann – die in einer bestimmten Sinnesmodalität aufgenommene Information irgendwie in eine andere Sinnesmodalität übersetzen".

3 Musik auf einer Intensivstation – Darstellung verschiedener Methoden

Funktionale Stimulation mit Musik

Als man begann, mehr Aufmerksamkeit auf die Lebensqualität und Entwicklungschancen frühgeborener Kinder zu legen, tauchte erstmalig in den USA der Gedanke auf, Musik auf einer Neugeborenenintensivstation anzuwenden. Zunächst begann man mit umfassender sensorischer Stimulation, mit Streicheln, Schaukeln, veränderter Lagerung und mit Klängen. Die ersten Stimulationsprogramme, die auf diese Weise mehrere Sinne gleichzeitig einbezogen, zeigten den erhofften Effekt: Sie stabilisierten den Zustand der frühgeborenen Kinder. Das zeigte sich in stärkerer Gewichtszunahme und Reduzierung von Atmungsproblemen, insbesondere von Atempausen. Dies verkürzte den Klinikaufenthalt der Babys.

Neben den genannten Stimulationen gab es auch einige rein musikalische Programme, die von Ärzten, Krankenschwestern, Biologen oder Betroffenen begonnen wurden. Diese Pioniere betraten damit vor 20 Jahren noch Neuland, denn Musiktherapie existierte damals auf Intensivstationen höchstens als medizinisch unterstützende Methode, aber nicht als eigenständiges Arbeitsgebiet.

In Tabelle 1 geben wir einen kurzen Überblick über damalige Stimulationsprogramme.

In diesen Programmen überzeugte die unmittelbare Wirkung auf die Befindlichkeit des Kindes und damit auf den klinischen Verlauf und seine Entwicklung innerhalb der ersten Monate. Jeder Tag, in dem das Baby früher in die häusliche Umgebung entlassen werden kann, ist ein Gewinn für Eltern und Kind und als Erfolg zu werten.

Medizinische Musiktherapie – medical music therapy

In der Folge wurden in den USA eine Reihe von Studien durchgeführt, die dazu beitrugen, dass dort heute Musiktherapie in vielen Kliniken zur Standardversorgung gehört. Wir wollen deshalb etwas ausführlicher auf das Thema „Frühgeburt in den USA" eingehen. Es handelt sich zum einen um ein Stimulationsprogramm mit Mutterstimme oder Gesang mit Streicherbegleitung, zum anderen um ein Programm mit Streichern und Gefäßgeräuschen *(womb sounds)*. In den USA sind diese klinischen Arbeiten ein-

Tabelle 1: Überblick über Stimulationsprogramme in den 1970er und 1980er Jahren

Kinder / Tragzeit	Stimulationsart	Studienplan	Ergebnisse m. Kontrollkindern	Autoren
28–32 Wo PMA Experimentalgruppe n = 31 Kontrollgruppe n = 31	Mutterstimme vom Tonband	ab 5.Tag bis 36 Wo PMA, 6 × 5 min / Tag	größere motor. u. taktile Reifung, bessere Hör- und Sehfunktionen und Muskeltonus	Katz (1971)
28–32 Wo PMA Exp.-Gr. n = 30 Kontr.-Gr. n = 30	Mutterstimme vom Tonband – weißes Rauschen	ab Geburt bis 36 Wo PMA, 30 min / Tag	weißes Rauschen: Herzfrequenzbeschleunigung und Habituation – Mutterstimme: Verlangsamung der Herzfrequenz	Segall (1971)
26–33 Wo PMA Exp.-Gr. n = 50 / 51 Kontr.-Gr. n = 52	Mutterstimme vom Tonband – Brahms, Wiegenlied	ab 5.Tag bis Entlassung, durchschn. 1 Monat 6 × 5 min / Tag	kein Unterschied im Bewegungsmuster	Chapman (1979)
26–33 Wo PMA Exp.-Gr. n = 42 / 42 Kontr.-Gr. n = 43	Mutterstimme vom Tonband – Brahms, Wiegenlied	ab 5.Tag bis Entlassung, durchschn. 1 Monat 6 × 5 min / Tag	größere Gewichtszunahme, in anderen Tests kein Unterschied	Malloy (1979)
Reifealter n = 40	Herzschlag, WG = Wellengeräusch, komponierte Musik	direkte Beobachtung	WG: allgemeine Beruhigung, stoppt Schreien	Busnel et al. (1986)
26–29 Wo PMA n = 9	Mutterstimme vom Tonband	nach Intensivphase bis 36 Wo PMA 5 × 30 min / Tag	unter Mutterstimme: ruhiger und $tcPO_2$ höher	Nöcker et al. (1987)

gebettet in übergeordnete Programme von früher Intervention, Prävention und Frühförderung. Dies wird in den einzelnen amerikanischen Bundesstaaten intensiv vorangetrieben, wie die Vereinigung „Zero to Three" zeigt, der Zusammenschluss verschiedener medizinischer und therapeutischer Disziplinen zur Förderung von Kleinkindern im Alter von 0 bis 3 Jahren.

Die Zahl frühgeborener Kinder mit sehr niedrigem Geburtsgewicht steigt in Amerika immer mehr an. Die betroffenen Mütter mit ihren Familien leben unter anderen sozialen Bedingungen als in Europa. Die höchste Frühgeburtenrate findet sich bei Frauen aus niedrigen sozialen Schichten, bei mangelnder Ernährung und dem Fehlen von medizinischer Vorsorge während der Schwangerschaft. Oft ist auch mütterlicher Drogenkonsum die Ursache. Mindestens $1/10$ aller amerikanischen Neugeborenen – das sind 375.000 pro Jahr – sind während der Schwangerschaft mütterlichem Drogenmissbrauch ausgesetzt. Andere Gründe sind das geringe Alter der Mütter und – wie auch bei uns in Europa – Mehrlingsgeburten, toxische Einflüsse durch mütterlichen Alkoholkonsum, chronische Krankheiten, akute Infektionen oder Blutunverträglichkeit von Mutter und Fetus. Frühgeburtlichkeit ist in dem riesigen Land USA ein drängendes Problem und wird aktiv und pragmatisch angegangen. Die Musiktherapieverfahren, von denen hier berichtet wird, werden auch als Methoden angesehen, die in einen größeren Behandlungszusammenhang integriert sind.

In den Jahren 1991–1995 erschienen im *Journal of Music Therapy, Music Therapy Perspectives* und im *International Journal of Arts Medicine* einige Arbeiten, die wir hier unter dem Begriff medizinische Musiktherapie – *medical music therapy* zusammenfassen wollen.

Janel Caine (1989), Tallahassee/USA, beobachtete die Wirkung von Musik auf ausgewählte Stressfaktoren, Gewicht, Ernährung und Dauer des Klinikaufenthalts von frühgeborenen Kindern auf einer Neugeborenen-Intensivstation. Die Kinder hörten im Inkubator ab dem vierten Tag nach der Geburt, wenn sie einen stabilen Zustand erreicht hatten, drei Stunden täglich Wiegenlieder vom Tonband (Gesang von Frauen mit und ohne Gitarrenbegleitung). Die Lautstärke war so eingestellt, dass sie das Inkubator-Grundgeräusch maskierte. Diese Kinder hatten eine niedrigere Gewichtsabnahme, nahmen schneller zu und konnten früher entlassen werden als die Kinder der Kontrollgruppe.

Die Nachuntersuchungs-Studie von Standley und Madsen (1990) zeigte, dass dieselben „Musikbabys" von ihren Müttern als ruhiger beschrieben wurden und weniger schrien als andere Babys.

Jayne M. Standley, Tallahassee/USA und Randall S. Moore, Montana/USA (1995) untersuchten die Wirkung sowohl von Musik als auch von der Mutterstimme auf die Sauerstoffsättigung und die Häufigkeit von Atemproblemen bei frühgeborenen Kindern. Man beobachtete den Effekt längeren Musikhörens auf die Atemprobleme dieser Kinder und verglich diese Effekte danach mit den Reaktionen der Babys auf die Mutterstimme.

Zehn sehr kleine frühgeborene Kinder hörten jeweils an drei aufeinander folgenden Tagen gesungene Wiegenlieder mit/ohne Gitarre, neun Kinder die Mutterstimme vom Tonband. Die Auswertung der Aufzeichnungen ergaben andere vegetative Reaktionen der Kinder auf die Wiegenlieder als auf die Mutterstimme. Die Babys reagierten auf die Musik relativ schnell mit Erhöhung der Atemfrequenz, bei Ende des Gesangs jedoch mit deutlich vermehrten Apnoen. Auf die Mutterstimme gab es keine so deutlichen unmittelbaren Reaktionen, wohl aber nach drei Tagen ein Ansteigen der Sauerstoffsättigung. Die „Mutterstimmen-Kinder" erreichten nie den Abfall der Sauerstoffsättigung, der für die „Musik-Kinder" nach Beendigung dieses Stimulus charakteristisch war. Erwähnt wird in dieser Studie der bindungsfördernde Einfluss der Arbeit mit Mutterstimme auf die Mütter.

Jane W. Cassidy, Louisiana/USA und Jayne M. Standley (1995) untersuchten die Wirkung von Musikhören auf die physiologischen Reaktionen frühgeborener Kinder. Zehn Kinder (24–30 Wochen alt) hörten während der ersten Lebenswoche 30 Minuten Wiegenlieder vom Tonband über Kopfhörer: sechs kommerziell aufgenommene Wiegenlieder von einer Frauenstimme gesungen und von einem Streichorchester begleitet. Gemessen wurden Sauerstoffsättigung, Herzschlag, Beatmungsfrequenz und Anzahl der Bradycardien/Apnoen. Musik hatte einen messbar positiven Effekt auf alle o. g. Parameter.

Jacqueline M. Coleman und Rosalie R. Pratt, Utah/USA und H. H. Abel, Braunschweig (1998) beschäftigten sich mit der Fragestellung, ob das Gewicht und die Kalorienaufnahme von Frühgeborenen positiv beeinflusst wird, wenn man ihnen Musik vorspielt. Die Musikgruppe – 33 Kinder – zeigte während der Therapie im Vergleich zu der Kontrollgruppe eine größere tägliche Gewichtszunahme, die in der anschließenden Zeit bis zur Entlassung anhielt. Diese Kinder der Musikgruppe konnten wesentlich früher nach Hause entlassen werden.

Der Anasthesist Fred Schwartz, Atlanta/USA (1999), benutzt eigens dafür komponierte Musik. Über Herzschlag und Gefäßgeräuschen klingt Streichermusik mit Frauenstimmen, die keine Texte sondern Melodien auf verschiedenen Vokalen singen – eine Musik, die intrauterines Leben, Geborgenheit und Liebe übermitteln soll. Diese Musik wird schon seit Jahren den Babys auf Neugeborenenstationen vorgespielt. Die Ergebnisse überzeugen, sie bestätigen in der Regel die vorher geschilderten Resultate. Die „Musik-Kinder" können im Durchschnitt drei Tage früher entlassen werden, auch für die Klinik ein nicht unerheblicher, Kosten dämpfender Aspekt.

Einen weiteren Schwerpunkt hat Schwartz in seinen Forschungen auf die kognitve Entwicklung des Kindes gelegt, die auch vom Kopfwachstum zu Beginn des Lebens abhängt. Frühere Studien über pränatale intrauterine Klangstimulation haben ein erhöhtes Wachstum des Kopfumfangs eines Neugeborenen gezeigt (Logan 1991). In den ersten zwei Lebensjahren ist das Kopfwachstum ein zuverlässiger Indikator für die Gehirngröße (Sheth et al. 1995). Es ist nachgewiesen, dass sehr niedriges Geburtsgewicht mit subnormalem Kopfumfang, welches in der weiteren Entwicklung nicht aufgeholt werden kann, negative Auswirkungen auf die kognitive Entwicklung hat. Einen ersten Ansatz bietet Standley in ihrer Studie über den Effekt von Musik und multimodaler Stimulation (1998 a). Sie berichtet von signifikanter Steigerung des Kopfwachstums stimulierter frühgeborener Kinder (Schwartz 2003).

Die folgenden musiktherapeutischen Interventionsprogramme haben mehr die Beziehung zwischen Mutter und Kind im Blick.

Beziehungsorientierte Arbeit mit Life-Musik

Joanne V. Loewy, Musiktherapeutin / New York, hat zusammen mit ihren Kollegen die so genannte *environmental music therapy* entwickelt, eine Musiktherapie, die die Umgebung des Kindes mit einbezieht. Es handelt sich hierbei um ein differenziertes Musiktherapieprogramm, das sowohl auf einschlägiger Literatur als auch auf langfristigen eigenen Beobachtungen basiert.

Die wichtigste Aufgabe der Musiktherapie liegt in der Herausforderung, durch natürliche Klänge die Körperfunktionen des Babys zu unterstützen oder zu verändern. Ziel ist eine Verbesserung des Saugens, der Kalorienaufnahme, des Schlafs, ein besserer Umgang mit Schmerz, Beruhigung des Herzschlags, Verbesserung der Sauerstoffsättigung, der Atmung und der Gewichtszunahme. Loewy wendet unterschiedliche Interventionstechniken an, die sowohl auf das Kind als auch auf die Eltern-Kind-Beziehung gerichtet sind. Festgelegte Kriterien bestimmen die Interventionen. Um die Eltern-Kind-Bindung zu vertiefen, ermutigt sie die Eltern, ihr Kind zu streicheln und ihm leise vorzusingen: einfache Melodien, Wiegenlieder, Schlaflieder, die das Baby auch in Übergangs- und Trennungszeiten wieder erkennen kann.

Die menschliche Stimme vermittelt Sicherheit und hilft dem Baby, sich in Stress-Situationen zu entspannen und einzuschlafen. Sie mildert die laute Geräuschkulisse der Station und schafft eine beruhigende Atmosphäre, in der das Baby lernen kann, seiner Umgebung zu vertrauen. Hat das frühgeborene Kind Atemprobleme, lässt sich mit Hilfe eines gleichmäßigen Rhythmus auf einer Schlitztrommel sein Atemrhythmus synchronisieren und regelmäßig halten. Ferner regt Loewy an, mit der Ocean Drum eine dem Mutterleib ähnliche Geräuschkulisse zu schaffen, die dem Baby Sicherheit vermittelt und so den Atemprozess anregt. Auf ähnliche Weise lassen sich Saug- oder Schluckbewegungen unterstützen und das Baby nach schmerzhaften Behandlungen beruhigen. „Vorhersehbare und geordnete Musikelemente schaffen eine Struktur, die dem Baby dabei hilft, sich selbst zu beruhigen und sich physiologisch und neurologisch neu zu organisieren" (Loewy 2003).

Das Programm von Loewy ist gut evaluiert und wurde in die Regelversorgung dieses Krankenhauses aufgenommen. Es verlangt von den Therapeuten hohe musikalische Kompetenz und Einfühlungsvermögen, um auf die Atmosphäre einer Neugeborenen-Intensivstation musikalisch einzuwirken.

In Deutschland hat Monica Bissegger/Stuttgart eine Studie veröffentlicht, die auf der anthroposophischen Musiktherapie basiert. Bissegger will für Mutter und Kind eine Atmosphäre von Geborgenheit und Sicherheit in Form einer Klanghülle schaffen, die nur durch den lebendigen Klang entsteht. Die Mutter steht am Inkubator oder hat das Kind auf der Brust. Die Therapeutin versucht, die Atmosphäre des Kindes und der Umgebung aufzunehmen und improvisatorisch umzusetzen, summend, singend und mit einer pentatonischen Leier. Die so entstehende Klanghülle soll Mutter und Kind Sicherheit, Geborgenheit und Zuwendung vermitteln. Die Mutter kann in die Musik der Therapeutin mit einstimmen, sie „tönen" zusammen. So wirkt sie aktiv an der Beziehung zu ihrem Kind mit, und das Baby bekommt durch Atmung, Mimik und Bewegung die Möglichkeit, den Dialog aufzugreifen. Auch diese Arbeit ist sehr individuell, aber zeit- und kostenaufwendig; sie konnte in dieser Klinik nicht mehr fortgesetzt werden. Doch sie ist ein Beispiel dafür, dass es sinnvoll und möglich ist, auf einer Neugeborenen-Intensivstation mit Life-Musik zu arbeiten (Bissegger 2000).

Praktische Zusammenfassung

Der Einsatz von Musik auf einer Neugeborenen-Intensivstation zielt darauf, die Kinder zu beruhigen, ihr Wachstum und ihre Entwicklung zu fördern, Stress zu verringern und die daraus resultierenden Probleme zu reduzieren.

Eltern und Pflegepersonal können wir an dieser Stelle Mut machen. Sie können ihrem Kind mit gutem Gewissen beruhigende und sanfte Musik in den Inkubator einspielen. Dabei sollten sie aber sehr sorgfältig auf die Art der Musik und die Reaktionen des Kindes achten. Jedes Kind ist von Anfang seines Lebens an eine eigene Persönlichkeit mit individuellen Vorlieben und Abneigungen, die es zu respektieren gilt.

Musik *per se* ist also keine Medizin, kann aber so wirken, wenn sie verantwortungsvoll eingesetzt wird.

4 Die Mutter-Kind-Bindung

Die Anfänge frühkindlicher Entwicklung werden von den Verhaltensbeobachtungen der Entwicklungsforscher Brazelton (1975) und Stern (1992) beschrieben.

Brazelton untersuchte mit Hilfe von Videoaufnahmen frühe Mutter-Kind-Interaktionen. Er filmte beide von vorne, während sie einander gegenübersaßen und miteinander spielten. Dann projizierte er diese Aufnahmen auf einen gemeinsamen Bildschirm. Es konnte ein immer wiederkehrender zyklischer Ablauf von Zuwenden und Abwenden festgestellt werden.

Interaktion ist eine ganz wesentliche Voraussetzung für das Entstehen von Bindung.

Der englische Entwicklungsforscher und Psychoanalytiker John Bowlby hat sich als einer der ersten wissenschaftlich mit dem Thema der Bindung ausführlich beschäftigt. Er schreibt dazu folgendes (1975):

„Wie jeder Romanautor und Dramatiker weiß, gehen Gefühlsbindungen bei den davon Beteiligten mit starken Emotionen einher. Deshalb entstehen viele der intensivsten Gefühle beim Aufbau, beim Aufrechterhalten, beim Zerstören und beim Erneuern von Gefühlsbindungen, die aus diesem Grund manchmal auch Herzensbindungen genannt werden. Subjektiv erfahren wir das Zustandekommen einer solchen Herzensbindung, wenn wir uns verlieben, erfahren das Bestehen einer Herzensbindung, wenn wir jemanden lieben und erfahren den Verlust eines Teils von uns, wenn wir um jemanden trauern. Ebenso macht drohender Verlust uns Angst und tatsächlicher Verlust macht uns Kummer, und beides wird wahrscheinlich unseren Zorn hervorrufen. Das unerschütterte Fortbestehen einer Gefühlsbindung wird als sicherer Hort erlebt und die Erneuerung einer Gefühlsbindung als Quelle der Freude."

In der Forschung und der Literatur wird dieser Bindungsprozess auch Bonding genannt. Es ist die innige Verbundenheit von Eltern mit ihrem Kind.

Das Zustandekommen von Bindung ist von entscheidender Bedeutung für die physische und psychische Entwicklung eines jeden Menschen. Dieser Prozess von liebevoller Gefühlsbindung entwickelt sich im Normalfall von ganz allein. Die Mutter nährt, beschützt, hegt und pflegt ihr neugeborenes Baby. Das Baby bindet sich vorbehaltlos an die Mutter, die ihm Sicherheit und Geborgenheit vermittelt. Mutter und Kind leben in vollkommenem „Auf-Einander-Angewiesen-Sein". Dies ist für die spätere Bindungsfähigkeit des Kindes ein lebensnotwendiger Vorgang.

Wie entwickelt sich nun Bindung von der Zeit der Schwangerschaft bis zum frühen Kindesalter?

Entwicklung während der Schwangerschaft

Die Schwangerschaft ist, ebenso wie jede andere biologische Entwicklungsstufe, eine krisenhafte Zeit, in der sich endokrinologische, somatische und psychische Veränderungen ereignen. Die Krise der Schwangerschaft ist ein normaler Vorgang und beinhaltet neben Verunsicherung auch Neuorientierung und seelisches Wachstum, um eine Integration dieser Veränderungen vorzubereiten.

Während dieser Zeit durchlebt eine Frau gleichzeitig zwei sehr unterschiedliche Prozesse: die physische und emotionale Veränderung bei sich selbst und das Wachsen ihres Kindes in ihrem Leib. Welche Empfindungen sie diesen Veränderungen gegenüber verspürt, ist individuell sehr unterschiedlich und wird von vielerlei Faktoren beeinflusst:

- Von der Erinnerung an ihre eigene Kindheit
- Von dem emotionalen Verhältnis zu den Eltern, besonders zu ihrer Mutter
- Von ihrer momentanen Lebenssituation. Hat sie sich die Schwangerschaft gewünscht oder steht sie ihr eher ablehnend gegenüber?
- Von ihrer Identität als Frau. Wie erlebt sie sich selber als Frau?
- Von ihrer sozialen Situation
- Von ihrem Familienstand: ist die Mutter verheiratet und lebt sie mit dem Vater ihres Kindes zusammen?
- Wie sieht sie die Rolle des Vaters?
- Ist es das erste Kind oder gibt es schon andere Kinder?
- Von den Wünschen und Lebensentwürfen der Mutter im Blick auf ihr weiteres Leben

Für die meisten Frauen ist die Schwangerschaft eine Zeit stark wechselnder und oft auch ambivalenter Gefühle. Caplan (1960) sieht die Schwangerschaft als eine Entwicklungsphase, in der die Frau zwei Anpassungsaufgaben vollbringen muss. Zum einen muss sie die Schwangerschaft bejahen, zum anderen ihr Kind als ein von ihr getrenntes Wesen wahrnehmen. In den ersten Monaten der Schwangerschaft setzt sich eine Frau zunächst mit der Tatsache auseinander, bald Mutter zu sein. Ob sie die Schwangerschaft akzeptieren kann, hängt von ihrer Geschichte, ihrer momentanen Lebenssituation und ihren Ängsten ab. In dieser ersten Zeit ist die Mutter mit sich, ihren ambivalenten Gefühlen und dieser zu erwartenden Umstellung beschäftigt. Währenddessen existiert das Kind in ihrer Vorstellung noch nicht als reales Wesen.

Die zweite Phase der psychischen Veränderung wird gewöhnlich von dem Erlebnis der ersten spürbaren Bewegungen des Feten eingeleitet *(„wie ein Schmetterling unter der Bauchdecke")*. Die Einstellung der Mutter zu ihrem Kind beginnt sich zu verändern. Das Baby wird nicht mehr als ein Teil des eigenen Körpers, sondern als selbständiges und lebendiges Wesen wahrgenommen, welches im Mutterleib wächst und gedeiht. Für eine Mutter, die ihre Schwangerschaft vorher sehr ambivalent erlebt hat, ihr vielleicht sogar ablehnend gegenüber stand, beinhaltet dies eine große Chance. Sie kann plötzlich die Bewegungen ihres Kindes spüren, sie kann fühlen, dass das Baby in ihrem Leib auch auf Außenreize reagiert, sie kann sich vorstellen, wie das Baby aussehen könnte, und so entwickelt die Mutter eine emotionale Bindung zu ihrem Kind. Auch nach außen zeigt die Mutter jetzt zunehmend mehr Aktivitäten. Sie stellt sich und ihr Leben auf das Baby ein, sei es durch Schwangerschaftsgymnastik, Auswählen des Namens, Einkaufen der Babyausstattung oder Umstellen der Wohnung.

Brazelton (1975) beschreibt die Bedeutung der Verunsicherungen und Veränderungen während der Schwangerschaft zur Entstehung der emotionalen Bindung an das Neugeborene so:

„Ich sehe heute in den psychischen Erschütterungen der Schwangerschaft einen Vorgang, der die emotionalen Stromkreise zur „Schaltung" neuer Bindungen bereit macht, als Vorbereitung auf die vielen Entscheidungen, die die junge Mutter während einer sehr kurzen kritischen Zeitspanne zu fällen bereit sein muss, als eine Methode, in den Bahnen ihrer Emotionalität Raum für eine Sensibilität für den Säugling und seine individuellen Bedürfnisse zu schaffen, eine Sensibilität, die auf der Ebene ihres früheren Anpassungsgleichgewichts nicht leicht oder gar nicht zu erreichen gewesen wäre. In diesem Sinne lässt sich gerade der emotionale Aufruhr in der Schwangerschaft und in der ersten Phase nach der Entbindung als eine positive Kraft sehen, die die Anpassung der Mutter fördert und die Bereitstellung einer individualisierten Umgebung für den Säugling ermöglicht."

In den 50er Jahren hat die amerikanische Psychologin Grete Bibring mit ihren Mitarbeitern (publiziert 1961) nach langen Beobachtungen bei Schwangeren versucht, den Entwicklungsprozess der Schwangerschaft und der Mutterschaft hinsichtlich der Begriffe *Narzissmus* und *Objektliebe* zu definieren. Narzissmus bedeutet Selbstliebe, während Objektliebe die Liebe zu einem Gegenüber bezeichnet. Die Mutter empfindet ihr Kind während der ersten Schwangerschaftsmonate als einen Teil ihrer selbst, als einen Teil ihres Organismus. Sie liebt das Kind „wie sich selbst" und schließt es in ihre narzisstische Liebe ein. Dieses Gefühl des vollkommenen Verschmolzenseins dauert bis zu den ersten spürbaren Regungen des Feten. Von da an beginnt die Mutter, das ungeborene Kind als ein eigenständiges Wesen wahrzunehmen und besetzt es daher zunehmend mehr mit Objektliebe. Zum normalen Zeitpunkt der Geburt des Kindes hat sie den Übergang von der narzisstischen Liebe zur Objektliebe weitgehend vollzogen. Sie ist jetzt in der Lage, die anatomische Trennung zu akzeptieren, weil sie das neugeborene Kind als ein eigenständiges Lebewesen anerkennen kann. Dennoch bleibt das Baby in die narzisstische Liebe seiner Mutter eingeschlossen.

Manchmal braucht die Mutter ein ganzes Leben, um die Selbständigkeit ihres Kindes annehmen zu können und es als eigenständige Persönlichkeit zu akzeptieren.

In seiner Veröffentlichung „Das Kind im Kopf – das imaginäre Kind" befasst sich Michel Soulé (1990) mit der Frage, wie der Wunsch nach einem Kind entsteht – nach der psychischen Entstehung des Kinderwunsches, seiner Notwendigkeit und seiner Entwicklung in den verschiedenen Lebensstadien sowie den Ereignissen, die sich daraus für Schwangerschaft und Geburt ergeben.

Aus psychoanalytischer Sicht gibt es zu Beginn der Schwangerschaft eine Periode „*ohne Kind*", in der der Wunsch, schwanger zu sein, im Vordergrund steht. Nach und nach erscheint das Bild des Kindes in der mütterlichen Phantasie, doch als Objekt – als Gegenüber – wird es erst später real. Das Erleben zu Beginn der Schwangerschaft ist wie das eines Traumes, die Erfüllung eines Wunsches. Was die Mutter zunächst beglückt, ist nicht die biologische Reproduktion und auch nicht der Embryo, sondern das Traumbild. Die Vorstellung, die eine Mutter von ihrem werdenden Kind entwickelt, ist die eines Säuglings – eines Kindes, mit dem sie sich identifizieren kann. Das „imaginäre" Kind wird von der Mutter idealisiert. Es ist, im Gegensatz zur Auffassung von Bibring, nicht ein Teil der Mutter, sondern die Verkörperung eines Wunsches – also ein idealisiertes Objekt –, das wie das eigene Ich mit narzisstischer Liebe besetzt wird. Es ist wie sie selbst.

Im Verlauf der Schwangerschaft kommt der Zeitpunkt, an dem die Mutter die Realität ihres Kindes und sein Eigenleben anerkennen muss, dann nämlich, wenn sie die Regungen ihres Kindes spürt. Dazu schreibt Soulé folgendes: „Wenn man während der ganzen Schwangerschaft die Bewegungen des Fetus und die biologischen Reaktionen des Körpers seiner Mutter registriert, stellt man fest, dass diese sie sofort wahrnimmt und physisch reagiert. Erst später sagt sie, dass sie die Bewegungen spürt. Das heißt, dass es einen zeitlichen Abstand zwischen der biologischen und der psychischen Anerkennung gibt." Diese Anerkennung bedeutet für die Mutter, dass es in ihrem Erleben ein voraussehbares Ende für das imaginäre Kind gibt.

Diese seelische Entwicklung und die körperliche Reifung der Mutter dauert neun Monate, also die ganze Schwangerschaft. Erst dann ist sie in der Lage, sich nach der Geburt von dem imaginären Kind zu lösen und sich dem realen Kind zuzuwenden. Soulé sagt, dass die Mutter unter dem hartnäckigen Druck des „realen Kindes die Trauer um das imaginäre Kind ableisten muss."

Ähnlich beschreiben die Entwicklungspsychologen und Kinderärzte Klaus und Kennell (1987) das Verlassen des phantasierten *„Kindchenschemas"* als Trauerarbeit, die notwendigermaßen als Voraussetzung für die Entstehung der postnatalen Bindung an das reale Kind geleistet werden muss.

Nicht immer bedeutet der Mutterleib eine „schützende Höhle" für das Ungeborene, einen Raum, der das Baby vor Schädigungen bewahrt. Wir wissen heute viel mehr über die verschiedenen Einflüsse, die während der Schwangerschaft auf das ungeborene Kind einwirken und dieses auch empfindlich stören können oder sich schädlich auf die fetale körperliche Entwicklung auswirken. Das können mütterliche Virusinfektionen, Mangelernährung, Nikotin, Alkohol, Medikamentenabusus, radioaktive Strahlen oder auch Lärm sein. Obwohl Mutter und Kind während der Schwangerschaft biologisch eine Einheit bilden (Rottmann 1974), kann die Plazenta den Feten nicht vor allen toxischen oder anderen schädigenden Einflüssen schützen. Bei starken Raucherinnen lässt sich im Blut des ungeborenen Kindes eine höhere Kohlenmonoxyd-Konzentration nachweisen als im mütterlichen Blut, bei emotionalem Stress der Frau ist das Kind in ihrem Leib unruhiger und sein Herzschlag ist erhöht. Leidet die Mutter an psychischen Störungen, emotionaler Labilität, größerer Reizbarkeit oder Aggression, werden auch ihr Puls, ihre Atem- und Gefäßrhythmen unregelmäßiger. Für das ungeborene Kind bedeutet dies intrauterin eine disharmonische akustisch-vibratorische Umwelt. Die Musiktherapeutin Gertrud Katja Loos beschreibt dies so: „Für Schwangerschaft gibt es das etwas aus der Mode gekommene Wort „guter Hoffung" sein. Hoffnung und Zukunft sind untrennbar. Was tun die jungen Frauen, was wird aus ihren Kindern, wenn sie nicht vorwärts schauen können, was tun sie mit ihrer Angst ums Überleben? Schwangere Frauen sind immer Mittelglieder, Weitergebende. Was tun sie, wenn sie nicht guter Hoffnung sein können; wenn die Hoffnung abbricht, ein Stillstand eintritt zwischen Empfangen und Weitergeben; wenn ihre Fähigkeit und Macht, die Zukunft durch ein neues Leben zu beeinflussen, hoffnungslos wird? Ihre Bindegliedfunktion wird verunsichert. Bindungslosigkeit überträgt sich auf das werdende Leben" (Loos 1986).

Psychische Störungen und emotionale Belastungen der Mutter führen zu endokrinen Irritationen, die auf die kindlichen Stoffwechselabläufe einwirken und das heranwachsende Leben in seinem seelischen Wachstum beeinflussen. Das Baby im Leib der Mutter hat somit an allem Anteil, was die Mutter fühlt und erlebt.

Zu diesem Wissen um psychische Auswirkungen auf biologisches Befinden einerseits und die biologische Mutter-Kind-Einheit andererseits kamen Ferreira (1965) und Rottmann (1974) aufgrund zweier Untersuchungsreihen, die sich mit dem Zusammenwirken von mütterlicher Einstellung zur Schwangerschaft und der fetalen Entwicklung beschäftigten.

Das Hauptproblem bestand darin, die komplexe Einstellung zur Schwangerschaft, die Verflechtung von unbewussten und bewussten Anteilen in einer verständlichen Weise zu messen. Ferreira hat zwei Einstellungsskalen entwickelt, die Rottmann für seine Untersuchungen erweiterte.

Die eine Skala „*offene Ablehnung der Schwangerschaft*" besteht aus Fragen wie: „Eine kluge Frau vermeidet es, schwanger zu werden."

Die zweite Skala „*Angst, das Kind zu verletzen*" enthält Behauptungen wie: „Mütter fürchten sich, dass sie ihr Baby beim Anfassen verletzen könnten."

Diese zwei Skalen dienten den Autoren als unterstützende Hinweise zur Beurteilung der bewussten oder unbewussten emotionalen Einstellung und deren Intensität in Beziehung zur Schwangerschaft. Sie ermittelten durch ein bestimmtes Auswertungsverfahren vier Einstellungstypen von schwangeren Frauen:

- *Die ideale Mutter* – gekennzeichnet durch bewusste und unbewusste Annahme der Schwangerschaft: *„Wir haben schon andere schwierige Situationen geschafft und sind glücklich, dass N. da ist – ganz gleich wie"*.
- *Die kühle Mutter* – bewusste Ablehnung, unbewusste Annahme der Schwangerschaft. Sie steht dem Kind eher gleichgültig gegenüber, die Ablehnung ist mehr Folge situationsbedingter Konflikte: *„Was soll das alles? Ich will mein Leben nicht ganz aufgeben und immer nur fürs Kind dasein – aber momentan bin ich am liebsten hier auf der Station."*
- *Die ambivalente Mutter* – bewusste Annahme und gleichzeitig unbewusste Ablehnung. Der psychische Konflikt im Zusammenhang mit der Schwangerschaft kann kompensiert werden: *„Ich brauchte erst mal Zeit, um mich an den Gedanken zu gewöhnen, dass ich ein Kind bekomme, weil P. eigentlich ein Pillenfehler ist. Aber jetzt ist es gut."*
- *Die katastrophale Mutter* – bewusste und unbewusste Ablehnung des Kindes: *„Mein Leben ist kaputt. Wenn ich das eher gewusst hätte, hätte ich abtreiben lassen."*

Die Hypothese von Ferreira und Rottmann lautete: Je stärker die emotionale Ablehnung des Kindes, desto ausgeprägter seine Störungssymptomatik. Dies beurteilten sie über die Parameter Vitalität, Verhalten und Beobachten eventuell auftretender somatischer Störungen.

Die beiden Autoren gingen unterschiedlich vor: Ferreira beobachtete das Neugeborene und schloss davon auf die Einstellung der Mutter während der Schwangerschaft, Rottmann versuchte, von den verschiedenen mütterlichen Einstellungstypen auf die Befindlichkeit der Neugeborenen zu schließen.

Beide Untersuchungsreihen bewiesen, dass sich eine ablehnende Einstellung der Mutter ihrem Kind gegenüber auf das Verhalten und die Befindlichkeit des Neugeborenen auswirkt. Eine Frau, die unter ihrer Mutterschaft leidet, bringt mit auffallend größerer Wahrscheinlichkeit ein Kind zur Welt, das von Anfang an irritiert ist, während eine ausgeglichene und glückliche Mutter ein gleichfalls ausgeglichenes und glückliches Kind bekommt.

Den Beweis, dass Frauen während der Schwangerschaft eine Bindung zu ihrem ungeborenen Kind entwickeln, sehen Klaus und Kennell (1987) in der Tatsache, dass Mütter trauern, wenn ihr Kind während oder sofort nach der Geburt stirbt: Alle beobachteten Mütter trauerten, unabhängig davon, ob das Baby nur eine Stunde oder ein paar Tage gelebt hat, ob das Baby rechtzeitig zum Termin geboren wurde oder um Wochen zu früh auf die Welt kam, ob die Schwangerschaft gewollt oder ungewollt war. Das lässt darauf schließen, dass spätestens zum Zeitpunkt der Geburt eine starke emotionale Bindung zwischen der Mutter und ihrem Kind besteht, auch wenn die Mutter ihr Baby nicht berühren konnte.

Dauer und Intensität des Trauerns sind Maßstäbe für die Stärke der emotionalen Bindung. Ein längeres und intensiveres Trauern war bei den Müttern zu beobachten, die die Schwangerschaft als positiv erlebt hatten und die ihr Baby berühren konnten. Beide Ärzte sehen deshalb als bedeutende Voraussetzung für das Entstehen von Bindung die „lustvolle Vorfreude auf die Geburt des Kindes, als auch den körperlichen Kontakt mit ihm nach der Geburt."

Bindung nach der Geburt

Mit dem Prozess der Mutter-Kind-Bindung aus der Sicht der Mutter oder des aufziehenden Elternteils befassten sich Klaus und Kennell (1987). Sie stützen sich dabei auf jahrelange Forschungen, Beobachtungen und Gespräche mit Müttern unterschiedlicher Kulturkreise. Auf Grund dieser Erfahrungen beschrieben sie einige wichtige Gesetzmäßigkeiten, die für das Entstehen und die Entwicklung der Bindung einer Mutter an ihr Kind von großer Bedeutung sind: Die ersten Minuten und Stunden nach der Geburt sind eine höchst sensible Phase. Im Interesse einer günstigen späteren Entwicklung brauchen Mutter und Neugeborenes sofort engen Körperkontakt. Klaus und Kennell betonen den physischen Kontakt mit dem Säugling unmittelbar nach der Geburt als wesentlich für die extrauterin entstehende Bindung einer Mutter zu ihrem Kind.

Damit eine Mutter ihr Baby als eigenständiges und reales Kind annehmen kann, muss das Kind auf sie reagieren und Kontakt zu ihr aufnehmen.

Dies ist die ganz besondere und individuelle Form der Interaktion eines Mutter-Kind-Paares – ein wichtiger Baustein für Bindung.

Nach einer Frühgeburt kann aber gerade dieser erste Kontakt zwischen Mutter und Kind nicht stattfinden. Ein frühgeborenes Kind reagiert zunächst einmal nicht auf seine Mutter. Hier braucht die Mutter dringend unsere Hilfe und Unterstützung, damit sie das „Nicht-Reagieren" ihres Babys nicht als Ablehnung empfindet.

Bindung in psychodynamischen Theorien

Lange Zeit folgten die psychodynamischen Theorien der Ansicht Freuds (1905), dass im frühkindlichen Alter noch keine Trennung von Selbst und Objekt bestünde. Erst 1965 beschreibt der englische Kinderarzt und Analytiker Winnicott die elementare Funktion der wechselseitigen Beziehung von Mutter und Kind und die ebenso elementare Rolle der Mutter als einer äußeren Person für die Entwicklung des Kindes. Für ihn sind in der Theorie von der Mutter-Kind-Beziehung der Säugling und die mütterliche Fürsorge gleichrangig, die nicht voneinander getrennt gesehen werden können. Die wichtigen Elemente der mütterlichen Fürsorge sind das Halten (*holding*) und die Fähigkeit der Mutter, sich mit dem seelischen Zustand ihres Babys zu identifizieren.

Für den amerikanischen Analytiker Bruno Bettelheim hat jede Aktivität des Neugeborenen Sinn und Ziel. Das Neugeborene entwickelt sich nur, wenn es seine Umgebung, das Verhältnis zu seiner Mutter selbst aktiv mitgestalten kann. Er schreibt in der „Geburt des Selbst" (1985): „... dass wir durch unser Handeln unsere psychische Ganzheit und Unverletztheit bewahren, während Passivität uns zerstört."

Beide Autoren, Winnicott und Bettelheim, betonen, dass eine gesunde Entwicklung und die dazu notwendige frühe Interaktion zwischen Mutter und Kind von der Fähigkeit der Mutter abhängen, die Einzigartigkeit ihres Kindes anzunehmen. Diese ist sowohl mit Aktivität und Aggression als auch mit Zuwendung und Rückzug verbunden.

Diese einseitige Fokussierung auf die Mutter konfrontierte in der Folge in den 70 er Jahren betroffene Mütter oftmals mit großen Schuldgefühlen: „*Wenn ich mein Kind nicht in allem so akzeptieren kann wie es ist, bin ich schuld an möglichen Komplikationen.*" Mary Ainsworth (1977) beschreibt als erste, dass es sich in der Mutter-Kind-Interaktion um ein wechselseitiges Geschehen handelt. Im Zusammenhang mit ihrem Konzept der Feinfühligkeit weist sie auf die Bedeutung der kindlichen Rückkoppelungssignale für die Bindungsqualität zwischen Mutter und Kind hin. Das Neugeborene ist von Beginn seines Lebens an aktiv und auf der Suche nach Stimuli, um seine Umgebung kreativ mit zu gestalten. Es nimmt sofort die lebensnotwendige Beziehung zu seiner Mutter auf, braucht dafür aber ihre

Resonanz auf seine Interaktionen. So entsteht ein Wechselspiel, ein Geben und Nehmen, die das Bedürfnis des Kindes nach Zuwendung befriedigt, seine Aktivitäten beantwortet und ihm auch erlaubt, sich zurückzuziehen.

Zwanzig Jahre später entwirft die Säuglingsforschung – allen voran Daniel Stern durch seine bahnbrechenden Beobachtungen – ein ganz neues Bild der Fähigkeiten und Kompetenzen des Säuglings (1992). Im Zusammenhang mit der Bindungsentwicklung betont Stern die besondere Bedeutung der psychischen Veränderungen, die bei der werdenden Mutter mit einer Schwangerschaft verbunden sind. Er fasst sie unter Berücksichtigung soziokultureller Bedingungen in seinem Konzept der *„Mutterschaftskonstellation"* (1998) unter vier Gesichtspunkten zusammen. Die positive Bewältigung dieser Themen spielt beim Gelingen einer tragfähigen Mutter-Kind-Bindung eine große Rolle:

- „Ist die Mutter in der Lage, das Baby am Leben zu erhalten?
- Gelingt es der Mutter, eine emotionale Beziehung zu ihrem Kind zu entwickeln, mit anderen Worten: Kann die Mutter das Baby lieben? Kann sie fühlen, dass das Baby sie liebt? Kann sie erkennen und glauben, dass es wirklich ihr Baby ist? Stern nennt diesen Aspekt *„primäre Bezogenheit"*.
- Kann sich die Mutter eine verlässliche und schützende Umgebung schaffen und diese auch akzeptieren, anders gesagt: kann sie sich eine *„unterstützende Matrix"* aufbauen, damit sie die beiden ersten Aufgaben erfüllen kann?
- Gelingt es der Mutter, ein neues Selbstverständnis als Mutter, eine neue Identität zu entwickeln und aufrecht zu erhalten?" (Zimmer 2003)

Das sind Fragen, die sich natürlich in besonderem Maße auch in der Situation mit einem zu früh oder krank geborenen Säugling stellen.

Bindung nach einer zu frühen Geburt

In der Bindungsentwicklung können Störungen auftreten, die diesen Prozess erschweren oder verzögern, manchmal auch aufhalten. Dies geschieht, wenn ein Baby viel zu früh oder mit sichtbarer Behinderung auf die Welt kommt, wenn das Kind von einem oder beiden Eltern nicht gewollt ist oder wenn die psychosozialen Lebensumstände zuhause schwierig sind. Es ist leicht nachzuvollziehen, dass eine Mutter, die ebenfalls noch unter dem traumatischen Ereignis des frühen Schwangerschaftsabbruches leidet, größere Mühe hat, diese lebensnotwendige Interaktion zu ihrem Kind herzustellen. Erschwerend kommt hinzu, dass die Eltern ein Baby mit nach Hause bekommen, dass aufgrund seiner Frühgeburt neben den körperlichen Problemen auch Schwierigkeiten im Kontakt aufweist: Es reagiert und lächelt vielleicht weniger, verweigert eventuell die Nahrung oder sogar Berührungen. Die Eltern wiederum fühlen sich durch das Verhalten des Babys gekränkt oder abgelehnt. So treten Störungen im normalen Bindungsprozess auf, und Schwierigkeiten in der Eltern-Kind-Interaktion sind die Folge, weil die Eltern oftmals nicht mehr adäquat auf ihr Kind reagieren können.

Diese Problematik ist häufig schon während des stationären Aufenthaltes des Babys oder später bei den Nachsorgeterminen zu beobachten. Für Außenstehende ist in der Interaktion und Kommunikation zwischen Eltern und Kind erlebbar, wie sich der Bindungsprozess zwischen ihnen entwickelt hat.

Um hier Eltern und Kind zu helfen, stehen heute eine Reihe von Maßnahmen zur Verfügung, die Kompetenz und Sicherheit der Mütter und Väter stärken: Gesprächs- und Informationsbereitschaft von Ärzten und Schwestern der Stationen, anleitende Krankengymnastik, begleitende und nachsorgende Gesprächspsychotherapie und in zunehmendem Maße unterstützende Hilfe mit Musik oder Mutterstimme durch erfahrene Musiktherapeuten.

5 Die zu frühe Geburt

Auswirkungen auf das Kind

Für das Kind bedeutet extrem frühe Geburt immer auch frühes Trauma sowohl im körperlichen als auch im seelischen Bereich. Der Psychotherapeut Ludwig Janus, der sich ausgiebig mit der seelischen Entwicklung ehemals frühgeborener Kinder beschäftigt hat, sagt dazu: „Wegen seiner Frühgeburtlichkeit kommt der Mensch nicht nur körperlich, sondern vor allem psychisch unfertig zur Welt." (Janus 1997)

Verlorene Klangwelt des Mutterleibes

Im Leib seiner Mutter ist das Kind in die intrauterine Klangumgebung eingebettet. Es ist eine Umgebung „mit einer wohl zum Teil verschwommenen Mischung von taktilen und auditiven Empfindungen; ein fließendes Dasein inmitten von Bewegung, rhythmischen und nicht-rhythmischen Geräuschen und vokalen Tönen." (Maiello 2003) Im mütterlichen Organismus dominiert ein niedriger Frequenzbereich: Herzschlag, Atmung, Pulsieren des Blutes, Verdauungsgeräusche, ein dunkler Klangteppich, von dem sich Klänge, Stimmen und Geräusche der Außenwelt abheben. Sprache wird unverständlich, wenn der vorherrschende Geräuschpegel lauter ist als die Sprache. Wir wissen von vaginalen Tonaufnahmen, dass die Stimme der Mutter viel direkter, einhüllender und runder klingt als andere Stimmen oder Musik. Über die Stimme – über Sprechen und Singen, über eine unendliche Vielfalt an muttereigenen, sich immer wieder verändernden Rhythmen, Tönen und Melodien, vermittelt die Mutter schon im Mutterleib ihrem Kind Liebe, Fürsorge und Akzeptanz, aber im ungünstigsten Fall auch Ungeborgenheit oder Ablehnung. Hier findet „ein tiefer, umfassender Austausch von Informationen und Emotionen statt. Dieser Dialog ist heilig und kostbar." (Schwartz 2003)

Der Rhythmus des mütterlichen Herzschlags, den das Kind während seiner intrauterinen Zeit etwa 26 Millionen Mal hört, beschützt es und ist Ausdruck und Sinnbild des Lebendigen. Während des ganzen Lebens werden wir uns von ihm als einem der wichtigsten Bestandteile von Musik angezogen fühlen. Dieser Rhythmus bedeutet Sicherheit und Verlässlichkeit. Musik, die im Tempo des Herzschlags pulsiert, ist in Schlaf- und Wiegenliedern wieder zu finden, also in Musik, die wir als beruhigend und wohltuend erleben.

Im Mutterleib ist der Fetus vor lauten Außengeräuschen geschützt. Was er tatsächlich wahrnimmt, hängt davon ab, wie sehr die Geräusche innerhalb der verschiedenen Frequenzbereiche abgeschwächt werden. Die Gebärmutter dient als durchlässiger Geräuschfilter: Sie dämpft den Frequenzbereich über 500 Hz um 40 bis 50 dB ab und die Frequenzen unter 500 Hz um 10 bis 20 dB, bis sie das Innenohr des Fetus erreichen. Abhängig von der Dämpfung durch die mütterliche Bauchwand kann der Fetus Sprache und Musik in den Frequenzbereichen unter 500 Hz nur hören, wenn diese den Geräuschpegel in der Luft um 60 dB überschreiten (Gerhardt et al. 1996).

Wenn ein Kind zu früh seine Urheimat – den Mutterleib – verlassen muss, verliert es damit auch abrupt das gesamte Klangspektrum des Mutterleibes und muss sich innerhalb kürzester Zeit dem lärmenden Geräuschpegel einer Intensivstation anpassen. Es entbehrt der stetigen Wiederkehr und Pulsation des mütterlichen Herzschlags, ihm fehlt die Melodie und der Klang der mütterlichen Stimme, das lebendige Schlagen, Rauschen und Vibrieren ihres Organismus. Dies sind alles Eigenschaften von Musik im weitesten Sinne. Man müsste schon sehr viel Phantasie entwickeln, um das unlebendige und mechanische Rauschen im Inkubator noch als Ersatz für mütterliche Rhythmen deuten zu können. Letztlich erinnert im Inkubator nichts mehr an die verlorene akustische Umwelt des Mutterleibes.

Frühe Verlusterfahrung

Man weiß heute viel über das intrauterine Leben und die Kompetenz des Neugeborenen. Das Frühgeborene ist neben seiner körperlichen Unreife auch emotional nicht auf unsere Welt vorbereitet. „Frühgeborene Kinder sind einem doppelten Trauma ausgesetzt. Sie verlieren nicht nur vor der Zeit ihre pränatale Umgebung, sondern der nachgeburtliche Aufenthaltsort, der Inkubator, hat nichts mit dem bergenden Ort gemeinsam, der normalerweise das Neugeborene empfängt, bestehend aus den mütterlichen Armen und Augen, aus ihrer Stimme, ihrem Geruch, ihrer Brust. Jedes Neugeborene verliert das rhythmische Rauschen des mütterlichen Bluts in ihren Adern, den Herzschlag und ihren Atemrhythmus, aber das Frühgeborene verliert auch die Mutterstimme, an deren Stelle mechanische Geräusche und elektronische Signale treten." (Maiello 2003)

Es herrscht Leere, Chaos und Verlassenheit. Dies können wir deutlich spüren, wenn wir ein so winziges „verkabeltes" Kind im Inkubator anschauen.

Trotzdem werden lange nicht alle Frühgeborenen später gestörte Kinder. Aber es ist so, dass das natürliche und kontinuierliche Eingebundensein in eine lebendige Umgebung unterbrochen und vorübergehend durch Maschinen ersetzt wird. Und unterbrochen wird damit vor allem auch die Mutter-Kind-Bindung, die für eine Mutter zu dieser Zeit schon besteht und die sich bei ihrem Kind intrauterin gerade erst beginnt zu entwickeln.

Auswirkungen auf die Entwicklung

Alle Menschen haben Bereiche in ihrem Gehirn, die für eine kontrollierte Hemmung und Dämpfung von Erregung zuständig sind. Beim zu früh geborenen Kind sind diese Teile noch unterentwickelt. Deshalb ist es außerordentlich empfindlich und verletzlich gegenüber den Umgebungsreizen der Intensivstation. „Die Frühgeburtlichkeit beeinträchtigt die normale Hirnentwicklung auf zwei Arten. Zum einen macht sie das Neugeborene empfänglich für unmittelbar hirnschädigende Umstände: Hypoxie (Sauerstoffmangel), Ischämie (Durchblutungsstörungen), intraventrikuläre Blutungen und Infektionen; sie führen häufig zu Langzeitschäden des Zentralnervensystems." (Fischer / Als 2003)

Doch selbst wenn diese Probleme bei den frühgeborenen Babys vermieden werden können, unterbricht die vorzeitige Geburt und der darauf folgende Aufenthalt auf der Intensivstation die normale Hirnentwicklung.

Das Baby ist ungewohnten und unzeitgemäßen Stimuli ausgesetzt, die es verarbeiten muss. Diese unzeitgemäßen Anforderungen wirken sich auf die Hirnentwicklung frühgeborener Kinder aus; bei ihnen können später vor allem komplexe mentale Vorgänge und die Aufmerksamkeits-Regulation weniger differenziert und moduliert sein (Duffy et al. 1984, 1990, Als 1999). Im Vergleich zu reifen Neugeborenen haben frühgeborene Kinder ein deutlich erhöhtes Risiko für Entwicklungsschäden; bei ihnen findet man gehäuft emotionale Labilität, Aufmerksamkeits-Defizit-Syndrome (ADS), Exekutivregulationsstörungen, Sprach- und Sprechstörungen, Lernbehinderungen, einen niedrigeren IQ, visuell-motorische Integrationsschwierigkeiten und motorische Einschränkungen des Sehens.

Aufgrund dieser Behinderungen müssen diese Kinder möglichst schnell und umfassend gefördert werden (Übersicht bei Fischer / Als 2003).

Forschungen der letzten 10 Jahre zeigen immer deutlicher, dass die Ursachen der Behinderungen auch in mikrostrukturellen Veränderungen der Hirnentwicklung liegen. Es scheint sich also nicht um eine verzögerte, sondern um eine gestörte Hirnentwicklung zu handeln. Hüppi und Mitarbeiter (1996, 1998) haben vergleichende Aufnahmen des Gehirns sowohl von ehemals frühgeborenen Babys als auch von termingeborenen Babys gemacht. Gesunde frühgeborene Kinder zeigen zum eigentlichen Geburtstermin eine deutlich verzögerte Differenzierung und Myelinisierung der grauen Hirnsubstanz; und man fand dünnere und weniger strukturierte Nervenfaserbündel des Gehirns. Im EEG zeigten diese Kinder zwei Wochen nach dem erwarteten Geburtszeitpunkt eine Verzögerung der

Informationsübertragung und eine dauerhafte Einschränkung der Amplituden im Stirnlappen, in demjenigen Bereich des Großhirns, in dem die Aufmerksamkeits- und Exekutivregulation koordiniert werden (Duffy et al. 1990). Eine schwedische Forschergruppe hat ehemalige Frühgeborene im Alter von 11 Jahren mit einem speziellen Magnetresonanztomographie-Verfahren, einer für Forschungszwecke entwickelten bildgebenden Untersuchungsmethode, nachuntersucht und Veränderungen in der weißen Hirnsubstanz nachgewiesen (Nagy et al. 2003). Das erklärt die Beobachtungen, dass Folgen dieser beschriebenen strukturellen und elektrophysiologischen Besonderheiten auch die psychologischen Auffälligkeiten sein können, die sich später in der Kindheit und Jugend manifestieren. Förderprogramme, die erst nach der Entlassung aus der Klinik beginnen und versuchen, Schäden zu beheben oder Versäumtes nachzuholen, zeigen wohl deshalb nicht immer den erwünschten Erfolg (McCormick et al. 1998).

Auswirkungen auf die Mutter

Das frühgeborene Kind kommt zu einem Zeitpunkt auf die Welt, zu dem sich die Mutter noch eins mit ihrem Baby fühlt und innerlich noch nicht auf die körperliche Trennung vorbereitet ist. Wie jedes Baby seine ganz individuelle Art hat, mit Schwierigkeiten und Problemen auf die zu frühe Geburt zu reagieren und damit umzugehen, so bringt auch jede Mutter ihre erprobten eigenen Bewältigungs- und Verarbeitungsstrategien mit.

Und doch sind einige emotionale Reaktionen nach einer zu frühen Entbindung bei fast allen Müttern wieder zu finden. Die nicht vollendete Schwangerschaft, die zwangsweise Trennung von ihrem Kind und die scheinbare Unansprechbarkeit des Kindes im Inkubator, all das kann die Mutter in eine schwere psychische Krise stürzen und erschwert, ja gefährdet manchmal sogar die Entwicklung „normaler" mütterlicher Gefühle und Verhaltensweisen.

Eine Pilotstudie von Cramer (1987) dokumentiert, dass diese Mütter ganz bestimmte Ängste durchleben, psychische Reaktionen, die trotz individueller Erfahrungen und Ausprägung bei allen Müttern gleich sind. Das sind Ängste, die mit Problemen des Selbstwertgefühles, mit Schuldgefühlen und mit Trennungsproblemen zusammenhängen und – nach unseren Erfahrungen – mit der Trauer um die verlorene Schwangerschaft, die es mit Hilfe psychotherapeutischer Begleitung zu bearbeiten gilt.

Die psychoanalytische Sicht der Beziehung von Narzissmus und Objektliebe (Bibring et al. 1961) auf das Erleben in der Schwangerschaft bezogen, lässt auch die ganze Problematik der Frühgeburt verstehen. Im Gegensatz zur abgeschlossenen Schwangerschaft hat die Mutter eines um viele Wochen zu früh geborenen Kindes nicht genügend Zeit, ihr Kind wenigstens teilweise aus ihrer narzisstischen Liebe zu entlassen und mit dem notwendigen Maß an Objektliebe zu besetzen. Sie hat damit nicht die innerpsychischen Möglichkeiten, die es ihr erlauben, das Kind als ein von ihr getrenntes und eigenständiges reales Wesen zu erleben. Sie erfährt die Geburt als Verlust eines Körperteils, eines Teils ihres Organismus. Dieses Empfinden ist verbunden mit dem Gefühl von Unwirklichkeit, als sei das Kind gar nicht vorstellbar. Es ist ihr etwas essenziell Wichtiges verloren gegangen oder geraubt worden. Das Gefühl der Unwirklichkeit wird durch die Trennung weiter verstärkt und kann sogar so weit führen, dass die Mutter ihr Kind ablehnt.

> „Als ich das erste Mal nach der Geburt von Tanja nach Hause fahren konnte, tat das sehr weh. Ich wollte ja nach Hause, das war gut und in Ordnung, aber der Schmerz war so groß. Das war ein Gefühl, als ob man mir mein Kind geklaut hat. Während der Schwangerschaft hab ich immer mit meinem Babybauch geredet, Tanja alles erklärt, was ich denke und tue. Als ich jetzt nach Hause kam, hab ich mir einen Tee gekocht und auch mit meiner Tochter gesprochen: „Du, jetzt trinke ich einen schwarzen Tee. Das ist für Dich eigentlich nicht gut." Plötzlich hab ich einen riesigen Schrecken bekommen, weil ich gemerkt habe, dass Tanja ja schon längst geboren ist und in der Klinik liegt, dass ich ja gar keinen Babybauch mehr habe. Das war, als ob ich nur noch halb bin. Meine andere Hälfte ist in der Klinik geblieben. Ich fühlte mich wie zerrissen."
> (28. SSW / 910 g)

> „Eigentlich wusste ich von Anfang an, dass alles schief geht. Schon in der Schwangerschaft hatte ich immer Blutungen und Infektionen. Ständig musste ich ins Krankenhaus. Das endete dann mit einem Blasensprung, aber wenigstens brauchte kein Kaiserschnitt gemacht zu werden. Nach der Geburt war mir dann ganz komisch. Bei meinem ersten Sohn – der ist jetzt zehn Jahre alt – war das ganz anders. Das war jetzt gar nicht wie eine Geburt, sondern da fehlte was von mir, als ob ich einen Arm oder ein Bein verloren hätte. Mir war nur komisch. Mein Mann konnte das alles nicht verstehen. Ich hab wirklich an mir runtergeguckt, ob auch noch alles an mir dran ist."
> (25. SSW / 600 g)

Fast jede Mutter erfährt durch die zu frühe Geburt eine Erschütterung ihres Selbstwertgefühles. Am häufigsten glaubt sie, versagt zu haben. Die Ursache hierfür sieht die Mutter in einer körperlichen oder seelischen Minderwertigkeit. Sie zweifelt wegen ihrer vermeintlichen Unfähigkeit, ein Kind austragen zu können, an ihrer Eignung als Mutter und an ihrer Rolle als Frau – besonders wenn dies ihr erstes Kind ist und sie noch nicht auf andere Geburtserfahrungen zurückgreifen kann. Die Trennung vom Kind ist für sie der Beweis ihrer Unzulänglichkeit und eine tiefe narzisstische Kränkung. Das Kind, das man ihr schließlich auf der Intensivstation als ihr eigenes vorzeigt, entspricht überhaupt nicht ihrem inneren Wunschkind. Wenn es sich um ein extrem kleines Kind handelt, ist sie vor allem über dessen Anblick erschrocken – es ist winzig klein, rot, runzelig, an Schläuche angeschlossen, die zum Teil am Gesicht festgeklebt sind, so dass sie sein Gesicht nicht richtig erkennen kann. Viele Mütter stehen zunächst wie gelähmt vor dem Inkubator, wagen nicht, ihr Kind zu berühren und spüren keinen Wunsch, zu ihm zu sprechen.

Die vorzeitige Geburt ist für die Mutter eine Verletzung ihrer körperlichen Integrität, sie stellt also eine große Erschütterung ihrer mütterlichen Selbstachtung dar. Sie muss auch erst die Kränkung durch diese Geburt und das äußerliche Anderssein ihres Kindes überwinden, ehe sie es als ihr Kind annehmen kann.

Die von Cramer untersuchten Mütter hatten fast alle Schuldgefühle wegen der Frühgeburt. Sie machten sich Vorwürfe, etwas getan zu haben, was ihrem Kind geschadet haben könnte, weshalb es dann zu früh auf die Welt gekommen ist. Manchen Frauen erscheint die Frühgeburt als Strafe für ein früheres „Vergehen", auch wenn sie dies oft nicht benennen können. Aus Angst vor einer vermeintlichen Schuldzuweisung trauen sie sich häufig nicht, Ärzte oder Schwestern nach dem Befinden ihres Kindes zu fragen. Sie könnten sich nicht verzeihen, wenn ihrem Kind etwas zustieße, es krank oder behindert bliebe. Diese Schuldgefühle erschweren den Aufbau der Mutter-Kind-Beziehung sehr. Die Mutter glaubt, selbst eine Gefahr für ihr Kind zu sein, und hält sich für unfähig, ihr Kind zu beschützen. So wagt sie anfangs kaum, das Kind anzusprechen, es anzufassen, zu füttern oder zu baden, und sie hat Angst vor der Vorstellung, es später zu Hause allein zu versorgen.

> „Meine Tochter wurde in der 27. SSW geboren. Sie wog bei der Geburt 737 g und ist mein drittes Kind. Meine beiden ersten Söhne sind 7 und 13 Jahre alt. Hier auf der Intensivstation fühle ich mich entsetzlich. Alles macht mir große Angst. Ich traue mich auch nicht zu fragen, wie es denn mit meiner Tochter weitergeht, und weil ich nicht fragen mag, fange ich an zu grübeln. Eigentlich wollten wir das Kind nicht – es war ein Ausrutscher. Ich hab mich dann entschlossen, das Kind zu behalten. Mein Mann war dagegen, aber ich hab mich durchgesetzt. Und jetzt werde ich dafür bestraft, dass ich so dickköpfig war. Ich wollte aber auch nicht, dass meine Tochter stirbt."

> „… ich hab im Getränkemarkt gearbeitet und die schweren Kisten geschleppt. Ich hab richtig gemerkt, wie alles unten aufgegangen ist, und trotzdem hab ich weitergemacht. Außerdem hab ich auch noch geraucht. Wenn ich noch mal ein Kind bekomme, mache ich alles anders."

> „Ich wusste ja, dass die Kinder zu früh kommen, weil ich schon lange vorher in der Klinik lag und sie mit Mühe gehalten werden konnten. Ich war richtig froh, dass sie es wenigstens bis zur 27. Woche geschafft haben, und dachte, dass wir noch mal glimpflich davon gekommen sind. Bevor wir uns zu der Fertilisationsbehandlung entschlossen haben, haben wir lange auf ein Kind gewartet. Es hat nie geklappt. Deshalb war ich erst auch so froh über die Zwillinge. Und jetzt ist alles ganz anders. Ich kann da gar nicht dran denken, dass Oskar nie gesund wird. Ich könnte durchdrehen, so schlimm ist das. Ich mache mir ständig Vorwürfe, weil ich mich zu der Behandlung entschlossen habe. Vielleicht sollte es nicht sein, dass ich Kinder bekomme. Wir haben dazwischen gepfuscht, und dafür werde ich jetzt bestraft."

Ein drittes Problem ist die Trennung, denn ein frühgeborenes Kind wird seiner Mutter sofort weggenommen. Caplan (1960) beschreibt die Reaktionen der Mütter auf diese Trennung als antizipatorisches Trauern. Die Mutter empfindet oft eine Leere wie nach einer Amputation. Sie hat Angst, dass ihr Kind sterben könnte, sie macht sich die schlimmsten Vorstellungen über seine Zukunft oder sie zweifelt, dass man ihr die Wahrheit über den Zustand ihres Babys sagt. Manche Mütter sprechen nicht über das Kind. Sie erzählen niemandem, dass sie ein Kind geboren haben. Sie verschicken keine Geburtsanzeigen. Sie treffen zu Hause keine Vorkehrungen für die Zeit nach der Entlassung des Babys aus der Klinik. Dieser Stillstand mutet wie eine Art Abwartephase an, in der die Mutter versucht, nicht an ihr Kind zu denken und auch keine Beziehung zu ihm aufzubauen.

Unendlich unterschiedliche Gefühle stürmen auf die Eltern ein. Sie sind der Situation gegenüber unsicher und hilflos. Angst, Trauer, Wut, Verzweiflung – bis hin zu Teilnahmslosigkeit dem Baby gegenüber – ein wahres Gefühlschaos überfällt besonders die Mutter, die ja auch erst einmal den Schock über diesen Schicksalsschlag überwinden muss. Darüber sprechen mag sie erst recht nicht – weil sie sich dieser Gefühle schämt und weil es so wahr wird, wenn es ausgesprochen ist. Verdrängungsmechanismen helfen den Eltern, die überwältigenden Gefühle überhaupt ertragen zu können. Der Traum vom gesunden Baby ist noch nicht zu Ende geträumt – er ist noch nicht aufgegeben (Sarimski 2000).

Wenn ein Kind zum rechten Termin und gesund auf die Welt kommt, wird es mit Freuden von der Familie empfangen, die Mutter wird beglückwünscht und gefeiert. Wie heftig ist der Gegensatz bei einer Entbindung weit vor dem Termin! Das Baby wird oft sogar verschwiegen. Der Gefühlszustand der Mutter verändert sich, wenn sie es anfassen kann, es ihm besser geht und sie ihr Kind auf den Arm nehmen darf. Die Persönlichkeit, die individuelle Geschichte, die soziale Umgebung der Mutter und die Hilfestellungen, die sie von ihrer Familie und Freunden erfährt, entscheiden, wie stark sie auf das Trauma einer zu frühen Geburt reagiert und wann sie in der Lage sein wird, einen Weg aus diesem Zustand zu finden.

Mutterschaftskonstellation: Wenn wir uns in diesem Zusammenhang noch einmal die Themen der Mutterschaftskonstellation (siehe das Kapitel über Bindung) anschauen, fällt es nicht schwer, sich vorzustellen, wie anders die Anfangsbedingungen für eine Mutter-Kind-Bindung bei einem frühgeborenen Baby sind und wie zutiefst gekränkt und verunsichert die Mutter sein kann:

„1. Die Mutter konnte ihr Baby nicht austragen, aus welchen Gründen auch immer. Noch weniger konnte und kann sie es am Leben erhalten. Sie wird ersetzt durch Schwestern, Ärzte und Intensivmedizin. Dagegen ist sie mit Gefühlen der eigenen Unzulänglichkeit, Unfähigkeit und des Versagens konfrontiert. Die Mutter eines frühgeborenen Kindes erfährt durch die Mutterrolle gesellschaftlich nicht wie üblich eine Aufwertung, sondern oftmals eine Abwertung ihrer Person.
2. Durch die extrem frühe Geburt und Isolierung des Babys im Inkubator kann die Mutter nicht spontan mit ihrem Kind kommunizieren und nur sehr erschwert eine emotionale Beziehung aufbauen. Wie soll sie ihrem Kind ihre Liebe vermitteln und woran kann sie ablesen, dass das Baby sie liebt?
3. Die unterstützende Matrix kann sich die Mutter nicht selber schaffen und gestalten. Die Institution Klinik muss die Rolle übernehmen, um der Mutter Sicherheit, Halt und Unterstützung zu geben, sie zu achten und wertzuschätzen. Die Mutter hat zwangsläufig die Gegebenheiten zu akzeptieren und sich darin einzurichten.
4. Durch den vorzeitigen und abrupten Abbruch der Schwangerschaft bleibt der Mutter keine Zeit, in ihre neue Identität als Mutter hineinzuwachsen." (Zimmer 2003)

Barnett u. Baruch (1985) bezeichnen die Schwangerschaft als den „größten Stressfaktor im Leben einer Frau". Wie viel größer muss die Überlastungssituation für die Mutter eines extrem kleinen frühgeborenen Kindes sein, die sich plötzlich mit unzähligen körperlichen und seelischen Problemen konfrontiert sieht, die eine solch abrupte Geburt mit sich bringt.

Um der Mutter die Chance zu geben, trotz allen Belastungen eine gesunde Mutter-Kind- Beziehung aufzubauen, muss sie sich all diesen verletzenden Gefühlen und Ängsten stellen. Dafür braucht sie intensive Unterstützung durch einen Therapeuten, der ihr für eine Krisenintervention zur Verfügung steht. Um ihr einen Teil ihrer Kompetenz und Autonomie als Mutter zurückzugeben, ist sie darüber hinaus auf die Hilfestellung durch das Pflegepersonal angewiesen, das sie bei der Pflege ihres Kindes mit einbezieht, soweit es irgend möglich ist.

Die zu frühe Geburt eines Kindes ist für beide Eltern eine Herausforderung, die gemeinsam und von jedem allein bewältigt werden muss. Auch der Vater ist durch eine Frühgeburt erheblich belastet, freilich in einer anderen Form, auch er ist innerlich noch nicht auf die Beziehung zum Baby vorbereitet Auch er hat Angst um sein Kind, aber er sorgt sich zusätzlich noch um seine Frau. Weil er mobiler ist, kann er schneller den Kontakt zu dem Baby aufnehmen und dadurch die Verbindung zwischen Mutter und Kind fördern. Auch er sollte möglichst schnell mit in die Pflege des Kindes eingebunden werden, weil er so aktiv helfen kann, diese krisenhafte Situation mit zu tragen. Das hilft ihm selber, seine eigenen Ängste abzubauen und sich als integrierten Teil des Geschehens zu fühlen. Trotzdem ergibt sich für den Vater daraus eine schwierige Situation, weil er von einem Tag auf den anderen neben der Sorge um Mutter und Kind auch noch den gewöhnlichen Alltag zu Hause und am Arbeitsplatz zu bewältigen hat. Diesen großen Anforderungen fühlt sich der Vater manchmal nicht gewachsen. Es kann sein, dass er sich dann zurück zieht oder in seine Arbeit flüchtet, was von der Mutter wiederum als Desinteresse oder Kränkung erlebt wird. Für den Aufbau einer geglückten Eltern-Kind-Beziehung müssen wir den Vater mit einbeziehen.

Frühgeburtlichkeit bedeutet eine große Herausforderung für alle fachlich Beteiligten. Über die medizinische Versorgung des Kindes hinaus müssen wir die Kompetenz der Eltern stärken, ihnen weiterführende Hilfen anbieten und sie mit Anleitungen zur Selbsthilfe ausstatten. Wichtig ist, damit sofort auf der Station zu beginnen.

Die Musiktherapie bietet als Hilfe für Mutter und Kind hier ihr Medium an: Musik und speziell die Mutterstimme. Sie ist dem ungeborenen Baby schon im Mutterleib vertraut, und wir können mit diesem Medium eine Brücke von der pränatalen Zeit über die Intensivzeit hinweg bis nach Hause bauen.

6 Bedeutung der Mutterstimme

Die Stimme ist ein wichtiger Kommunikationsträger. Sie ist unser Körperinstrument und unser unmittelbarster und persönlichster Ausdruck. Die Stimme übermittelt Emotionen, Gefühle und Gedanken und sie schafft Verbindung und Kontakt zwischen uns Menschen. In ihr ist unsere gesamte Lebensgeschichte enthalten: Stimme – stimmig sein – Stimmung – verstimmt sein – bestimmen – Bestimmung – hier stimmt etwas nicht. Die Begriffe spiegeln die enge Verbindung zwischen unseren Gefühlen und der Stimme wieder.

Die Stimme führt in die Zeit der Wärme, der Geborgenheit und des Gehaltenseins, in die Zeit der Symbiose. Sie ist der erste Klang, der einem Kind begegnet.

Das ungeborene Kind hört die Stimme seiner Mutter, es erkennt sie nach der Geburt und unterscheidet sie von anderen Frauenstimmen. Aber wie hört das Kind die Mutterstimme und was bedeutet sie für das Baby?

Bei schwangeren Müttern wurden vaginal mit einem Mikrophon Tonaufnahmen von der Mutterstimme, der Vaterstimme und von Musik gemacht. Für den unbeteiligten Hörer klingt die Mutterstimme hier dumpfer und deutlich direkter als alle anderen Klänge.

Daraus können wir nicht ableiten, dass das Baby intrauterin die Klänge auch genau so hört. Die Klangübertragung kann über die Knochen, die Wirbelsäule der Mutter, oder über ihr Becken geschehen (Tomatis 1994). Da sich das Kind in fortgeschrittener Schwangerschaft an die Wirbelsäule der Mutter anschmiegt und mit dem Kopf in ihrem Becken liegt, kann die Stimme über diese Knochenleitungen an sein Ohr gelangen. Auch das Fruchtwasser kann über die Vibrationen der Stimme mitschwingen, und das Ungeborene nimmt diese Schwingungen dann über die Haut auf. Wahrscheinlich geschieht dies alles zusammen. Sicher ist, dass das ungeborene Kind ab dem 5. Monat auf akustische Außenreize reagiert, es also auch von den Stimmfrequenzen seiner Mutter umgeben ist und mit ihnen lebt. Und wichtig ist, dass das Baby sofort nach der Geburt die Mutterstimme nicht nur wieder erkennt, sondern sie auch aus allen anderen Stimmen heraus erkennt, und dass es sich durch die Stimme beruhigen lässt.

Psychoanalytiker, Entwicklungspsychologen und Bindungsforscher haben darüber Theorien aufgestellt, die aus ihren Beobachtungen und Behandlungen von Kindern und Erwachsenen und aus Ultraschallaufnahmen von ungeborenen Kindern herrühren. Dank dieser Theorien verstehen wir heute sehr viel mehr von diesen „vorgeburtlichen Kindern", wie sie die Psychoanalytikerin Suzanne Maiello (2003) nennt, und respektieren und achten sie als Individuen.

Die Mutterstimme bildet die Grundlage für die Beziehung von Mutter und ungeborenem Kind, sie ist im wahrsten Sinn beziehungsstiftend. Dies betrifft weniger den Inhalt des Gesagten als die Art, wie die Mutter spricht und welche Gefühle über ihre Stimme transportiert werden. Klang, Melodie und Rhythmus der Stimme spiegeln auf unverwechselbare Weise das Wesen der Mutter und ihrer Person wieder. Darüber lernt das Kind in der pränatalen Zeit seine Mutter kennen und wird mit ihr so vertraut, dass es sie nach der Geburt wieder erkennt.

Der Musiktherapeut Hans-Helmut Decker-Voigt (1999) beschreibt den ersten Konzertraum Mutterleib, in dem wir Menschen alle unsere ersten Konzerte gehört haben:

„Da spielen die Knochengelenke im Konzert mit dem Rhythmus der mütterlichen Darmgeräusche. Sie knacken und knirschen ihren Part der mütterlichen Körperpartitur – und oft, hoffentlich sehr oft, schwingt besonders hoch und deutlich für das Kind die erste Geige mit: Mutters Stimme. Wenn sie summt und singt, wird das für ein Kind buchstäblich unvergesslich. Denn als Fetus erlebt es die erste Geige der Mutter nicht nur, sondern speichert auch ihre Melodie – zur baldigen Wiedererkennung unter allen anderen Stimmen, wenn es erst draußen ist auf dieser Erde. Die Melodie der Mutterstimme begleitet ein Kind auf eine einzigartige Weise. Melodie bedeutet Identität und Identifizierung. Am Melos, am spezifischen Auf und Ab der Tonhöhen erkennt ein Kind seine Mutter ebenso deutlich wie an Rhythmus oder Dynamik ihrer Stimme."

Das ganze Wesen eines Menschen, wie er sich bewegt und handelt, wie es ihm gerade geht und was er fühlt, all das können wir in der Stimme hören und wahrnehmen. Wir erinnern an die Nähe, die nur über die Stimme durch das Telefon am Ohr entstehen kann. Wenn man die Augen dabei schließt, kann der Mensch, und sei er noch so weit weg, ungeheuer präsent sein und wir hören und spüren genau, wie es ihm geht.

Die Stimme beispielsweise einer depressiven Mutter klingt schwächer, leiser und monotoner, ihre Melodie ist flacher, ihr Rhythmus verlangsamter als die Stimme einer fröhlichen Mutter. Auch dies überträgt sich in die Welt des Kindes.

Die mütterliche Stimme steht aber auch noch für ein anderes Merkmal der vorgeburtlichen Erfahrungswelt. Zum selben Zeitpunkt, zu dem der Hörreiz einsetzt, nimmt das Kind intrauterin die rhythmischen Bewegungen des mütterlichen Zwerchfells wahr. Abhängig vom momentanen emotionalen Zustand der Mutter verändern sich nicht nur ihre Stimme, sondern auch ihr Herzschlag, ihre Atmung und der Hormonspiegel im Blut. Ihr emotionaler Zustand erreicht das Kind nicht nur auf akustischem sondern auch auf biochemischem Weg. Die Körperlage der Mutter, liegend, sitzend oder laufend, hat möglicherweise auch Einfluss darauf, wie das ungeborene Kind ihre Stimme mit all seinen Sinnen wahrnimmt: über taktile und akustische Wahrnehmungen, über seine Haut oder sein Gleichgewicht.

Die Stimme der Mutter ist in der vorgeburtlichen Zeit ein Element der Verbindung. Sie ist körpernah und beinhaltet gleichzeitig den gesamten Entwurf der späteren verbalen Kommunikation. Entsprechend dem frühen kindlichen Entwicklungsstand steht nicht das Wort, sondern der stimmliche Ausdruck mit seinen musikalischen Elementen im Vordergrund. Gleichzeitig sichert die Stimme die Kontinuität vom vor- zum nachgeburtlichen Erleben.

Aus der vorgeburtlichen auditiven Wahrnehmung und dem Einprägen (auditiven Gedächtnis) der Mutterstimme bildet sich der „Klang-Code" (Maiello 2003), der den Grundstein zur späteren Sprache des Kindes, der Muttersprache, legt. Untersuchungen haben gezeigt, dass Babys sogar eine Fremdsprache wieder erkennen, wenn sie diese vor der Geburt von der Mutter gehört haben.

Neben der entwicklungsneurologischen Bedeutung akustischer Stimulation, wie wir sie über die funktionale Arbeit mit Musik beschrieben haben, hat die Mutterstimme während der Schwangerschaft eine wichtige psychologische Rolle in der Entwicklung intrapsychischer Repräsentanzen. Sie trägt dazu bei, dass man dem sehr frühgeborenen Kind während der intensivmedizinischen Zeit über die Stimme der Mutter einen Raum eröffnet, in dem Bindung und Beziehung geschieht und in dem Entwicklung stattfindet. Die Mutterstimme, so verstanden, ist zugleich Ersatz und Symbol für Beziehung.

7   Auditive Stimulation mit Mutterstimme

Einen erweiterten Ansatz der musiktherapeutischen Förderung Frühgeborener verfolgt die Auditive Stimulation mit Mutterstimme. Das Ziel dieser Methode ist auch – wie bei dem rein funktionalen Gebrauch von Musik oder Gesang – Beruhigung, Entspannung und Stressminderung des zu früh geborenen Säuglings auf der Intensivstation.

Die musik-psychotherapeutische Begleitung mit Mutterstimme greift darüber hinaus, indem sie die Bindung und Beziehung zwischen der Mutter und ihrem Kind im Blick hat, also die Förderung der Mutter-Kind-Bindung intendiert. Aus dieser Fokussierung heraus erklärt sich, warum wir hauptsächlich die Mütter ansprechen. „Wenn aber ein Kind zu früh geboren wird …! Hier geht es um die extrem zu früh geborenen Kinder – um jene, die lange Zeit vor der physischen und psychischen Ausreifung meist sehr abrupt ihre Heimat, den Mutterleib, verlassen müssen. Diesen vereinsamten kleinen Menschen gibt man den Klang mit auf den Lebensweg, der wie kein Medikament, keine noch so gut gemeinte Maßnahme die frühe Mutter-Kind-Bindung wenigstens teilweise ersetzen kann: die Mutterstimme! Man kann den zu früh geborenen Kindern zwar Wärme, Nahrung und Sauerstoff zuführen, was aber fehlt, ist liebevolle Atmosphäre, Erinnerung an klingende Nähe, an die vertraute Wesensart der Mutter, die in ihrer Stimme unverwechselbar enthalten ist" (Loos 1998).

Anhand von Forschungsergebnissen, dem theoretischen Hintergrund, unseren Erfahrungen und einigen Fallbeispielen zeigen wir, wie not-wendend eine solche Unterstützung sowohl für die Mutter als auch für das Kind sein kann.

Forschung

Am Anfang unserer Arbeit mit Mutterstimme stand der Gedanke, dass Mutter und Kind zu dieser vorgeburtlichen Zeit noch psychisch eine Einheit sind, also deshalb auch emotional nicht voneinander getrennt werden dürfen. Durch die Frühgeburt wird beiden etwas genommen, was sie noch dringend brauchen, damit sich eine gesunde Mutter-Kind-Bindung zwischen ihnen entwickeln kann. Deshalb benötigen auch beide Hilfe, sowohl die Mutter als auch ihr Baby.

Ein zweiter Gedanke war, dass auch der Mutter durch eine Frühgeburt

Wochen bis Monate der Schwangerschaft fehlen, in denen sie sich innerlich und äußerlich auf ihr Baby vorbereiten kann. Zu früh geborene Kinder haben durch eine Entbindung von der Mutter weit vor dem Termin auch „zu früh geborene Mütter", und dies ist für beide ein traumatischer Zustand.

Wie wir weiter oben beschrieben haben, bilden während der Schwangerschaft Mutter und Kind eine biologische Einheit – der psychische und physische Zustand der Mutter wirkt sich auf das Wohlergehen des ungeborenen Kindes aus. Zu Beginn der Schwangerschaft, bevor die Mutter Kindsbewegungen verspürt, hat sie ein Gefühl des vollkommenen Einsseins mit ihrem Kind. Erst zum Zeitpunkt der Geburt ist sie innerlich soweit, dass sie ihr Kind als eigenständiges Wesen annehmen kann und sich auf die Geburt, also auf die leibliche Trennung von ihrem Kind, freut.

Die Gefühle einer Mutter, deren Schwangerschaft plötzlich endete und die sich sehr viel zeitiger von ihrem Baby im Leib trennen musste, sind anders als die einer Mutter, die ihr Kind zur rechten Zeit geboren hat. Nach Aussagen dieser „zu früh geborenen Mütter" stellen sich nach der Entbindung Gefühle von Unwirklichkeit ein, sie können es nicht glauben, dass sie ein Kind geboren haben. Ja, manchmal zweifeln sie sogar, ob sie überhaupt schwanger waren. Oftmals sagen Mütter: *„Ich komme mir vor wie im falschen Film."* Sie erleben die Geburt eher wie eine Operation, in der man ihnen einen Teil ihres Körpers geraubt hat, weil sie eben das Baby in ihrem Bauch noch nicht als reales und eigenständiges Wesen spüren konnten. Dazu kommen bei den Müttern häufig Gefühle des Versagens und Unvermögens: *„Ich bin noch nicht einmal fähig, ein gesundes Kind auf die Welt zu bringen."*

Eine zu frühe Entbindung ist fast immer mit Kaiserschnitt verbunden. Die Mutter muss sich selber erst einmal körperlich von diesen Strapazen erholen und kann oft nur unter Mühen ihr Kind besuchen. Auch wenn wir die Mutter noch so gut vorbereiten, ist für sie der erste Eindruck einer Neugeborenen-Intensivstation ein Schock, der sie zutiefst erschreckt und verängstigt und zudem noch hilflos macht.

Damit sie ihre Rolle als Mutter in dieser medizinisch-apparativen Übermacht überhaupt wahrnehmen kann, braucht sie unsere Unterstützung. Zum einen helfen der Mutter entlastende Gespräche, zum anderen ist es für sie hilfreich, wenn sie ihrem Baby etwas von sich selbst vermitteln und schenken kann. Ihr Kind ist dann nicht mehr ein Teil von ihr, den sie ja eigentlich noch gar nicht hergeben möchte, sondern wird zu einem Gegenüber, mit dem sie trotz der schwierigen Umstände Kontakt aufnehmen kann.

Eine besonders natürliche Methode hierfür ist das so genannte Kängurun. Das Baby wird der Mutter oder dem Vater auf die nackte Brust gelegt, damit es Wärme und Geborgenheit „hautnah" spüren und erleben kann. Wenn jedoch ein Baby extrem früh geboren wird, ist das Kängurun oftmals für längere Zeit noch nicht möglich. Hier bietet sich der musiktherapeutische Ansatz der Auditiven Stimulation an. Die Mutter kann zu ihrem Kind sprechen oder singen und erlebt, dass ihr winziges Baby auf sie reagiert und sie an ihrer Stimme als seine Mutter erkennt. „Ich meine Dich und Du meinst mich ... der nonverbale Klangdialog ist Brücke und Hoffnung" (Loos 1995 b). Dieses Erkennen, diese wechselseitige Resonanz ist eine wichtige Voraussetzung für die Mutter, sich wieder handlungsfähig zu fühlen und sich gefühlsmäßig neu an ihr Baby zu binden. Der therapeutische Prozess setzt für die Mutter ein, wenn sie dem Gefühl des Ausgeliefertseins mit Aktivität begegnen kann, weil sie so einen Teil ihrer Autonomie als Mutter zurück bekommt.

Eine Mutter schrieb diesen Brief nach der Entlassung ihres Kindes:

> „... endlich schreibe ich. Ich hatte lange keinen Kopf für andere Sachen. Ich wollte mich bei Ihnen für die Gespräche bedanken – sie taten mir sehr gut und es ging mir danach immer etwas besser. Ich finde die Idee mit der Aufnahme gut. Sie gab mir das Gefühl, wenigstens ein bisschen für mein Baby tun zu können. Ich stand ja sonst nur rum und konnte mein Baby nur ansehen, so lange es im Inkubator war. Ich wünsche den anderen Müttern die gleichen Erfahrungen mit der Aufnahme wie mir."

Der Psychoanalytiker Morris Eagle (1988) hat eine besonders eindrucksvolle Überlegung zur Situation des Kindes und früher Objektbeziehung beschrieben, die er aus einer Studie mit neugeborenen Affen ableitete. Neugeborene Äffchen wurden in einem Raum mit zwei verschiedenen Objekten gelassen, eines war eine Fellpuppe, das andere ein Drahtgestell. An dem Drahtgestell war eine kleine Flasche mit Nahrung angebracht, an der Fellpuppe nicht. Alle Äffchen kuschelten sich an die Fellpuppe und verhungerten. Eagle schreibt dazu folgendes: „Gefühle der Zuneigung sind nicht das Resultat von Bedürfnisbefriedigung, sondern Ausdruck einer angeborenen Neigung, Bindung zu Objekten in der Welt herzustellen."

Der Säuglingsforscher Daniel Stern (1992) spricht von angeborenen Fähigkeiten des Säuglings, die es ihm ermöglichen, von Anfang an unterschiedliche soziale und kognitive Erfahrungen miteinander zu verknüpfen. Er beschreibt das sich entwickelnde Selbstgefühl als ein ganzheitliches Entwicklungsprinzip, welches von Anfang an den anderen mit einschließt. Die physiologische Regulation des Lebens erfolgt über die angeborene Fähigkeit des Kindes zum Austausch von Sozialverhalten. Eine entscheidende Rolle spielen hierbei die Vitalitätsaffekte. Das sind die unterschiedlichen Qualitäten des Fühlens, die mit den elementaren Vorgängen des Lebens verbunden sind. Die Vitalitätsaffekte der Mutter erreichen das Kind auch über ihre Stimme, auf die das Kind dann reagiert, denn im Stimmklang ist die gesamte Gefühlswelt der Mutter enthalten. Durch den

Tonfall und die Art und Weise, wie sie spricht oder singt, vermittelt die Mutter dem Kind ihre Gefühle, ihre Liebe und Wärme, andererseits aber auch ihre Angst und Traurigkeit, Unsicherheit oder Ablehnung. Hier sind therapeutische Gespräche wichtig, damit Beziehung zwischen beiden möglich wird.

Deshalb richtet sich die Auditive Stimulation sowohl an das Kind als auch an seine Mutter und damit an die Beziehung zwischen beiden.

Um die Auditive Stimulation klinisch zu verankern, mussten wir darüber forschen. Dazu wurde eine Studie am Dr. v. Hauner'schen Kinderspital der Universität München unter Leitung von Prof. Dr. Klaus Riegel, einem der Pioniere in der Neonatologie, durchgeführt. Sie bestand aus zwei Teilen: Zuerst eine Direktbeobachtung mit der Fragestellung, wie ein extrem frühgeborenes Kind auf die Stimme seiner Mutter vom Tonband reagiert, und danach eine Folgestudie, die die stimulierten Kinder bis zum Schulalter begleitete und gleichzeitig die Mütter nach ihrer Stabilität und Befindlichkeit befragte.

Der Stimulus bestand darin, dass die Mutter ein Tonband mit Geschichten, freiem oder gelesenem Text bespricht oder Kinderlieder singt.

Wir beobachteten vier unterschiedliche Kindergruppen im Alter von 24–30 SSW, mit einem Geburtsgewicht von 780–1270 g. Zum Vergleich hatten wir Kinder einer Kontrollgruppe aus der umfassenden Bayerischen Studie „Perinatalrisiken und frühkindliche Entwicklung" von Riegel et al. (1995).

Während der Forschungszeit gab es vorab verbindliche Kriterien zu Zeiten und Dauer der akustischen Stimulation. Die betroffenen Kinder hörten die auf Tonband aufgenommene Stimme ihrer Mutter über einen Zeitraum von mindestens 6 Wochen. Fünfmal am Tag wurde die Mutterstimme zu den festgelegten Zeiten über einen kleinen Lautsprecher in einer Lautstärke von 65–75 dB in den Inkubator eingespielt. So ist die Stimme gerade noch über dem Inkubator-Grundgeräusch hörbar. Die Ergebnisse der ersten Studie:

- Die Kinder reagieren sicht- und messbar ab der 26. SSW auf die Mutterstimme, wenn sie nicht aufgrund von Krankheit oder Medikamenten von äußeren Reizen abgeschirmt sind.
- Die Mutterstimme hat einen beruhigenden Einfluss auf das Kind und bewirkt einen signifikanten Anstieg des transkutan gemessenen Sauerstoff-Partialdrucks ($tcPO_2$).
- Der beruhigende Einfluss der Mutterstimme nimmt mit zunehmendem Alter zu (Nöcker-Ribaupierre 1995).

In der vergleichenden Studie wurde der Entwicklungsverlauf von stimulierten sehr kleinen frühgeborenen Kindern mit denen nicht stimulierter Kinder bis zum Alter von 6 Jahren ausgewertet. Sie waren gepaart nach

Alter (24–30 Wochen PMA), Geburtsgewicht (650–1270 g), Geschlecht, vergleichbarer Belastung und Behandlung. Bis zum Alter von 20 Monaten waren es 24 Paare, mit 6 Jahren 18 Paare. Weil es sich hierbei um einen Schultest handelte, mussten die fremdsprachigen Kinder bei diesem Test ausgeschlossen werden. Die Ergebnisse dieser Studie:

- Die durchschnittliche Beatmungsdauer der stimulierten Kindern war gegenüber den Kontrollkindern kürzer (32,0 vs. 35,7 Tage), ebenso der durchschnittliche Klinikaufenthalt (103,2 vs. 132,5 Tage).
- Mit 5 Monaten zeigte die Gruppe der stimulierten Kinder eine signifikant bessere motorische und mentale Entwicklung.
- Die Mütter waren stabiler und sicherer im Umgang mit ihren Kindern.
- Im Schultest bei den Sechsjährigen fanden sich Unterschiede besonders im Heidelberger Sprachentwicklungstest – das Sprachverständnis war signifikant besser.
- Die Mütter der stimulierten Kinder stillten signifikant häufiger (50 % zu 12,5 %) und länger. Sie wurden vom nicht-informierten Untersucher als belastbarer und stabiler beurteilt. In persönlichen Statements wurde deutlich, wie sehr es ihnen in dieser Anfangsphase geholfen hat, etwas von sich dazulassen, wenn sie nicht bei ihrem Kind sein konnten. (Nöcker-Ribaupierre 1995)

Die Mutter, deren Baby viel zu früh geboren ist, befindet sich in einer kritischen und emotional sehr anstrengenden Zeit. Solch eine frühe Entbindung stellt für die Mutter eine komplexe biopsychosoziale Überlastungssituation dar und fordert gewaltige Anpassungsleistungen. Es ist eine Krisenzeit.

Krisenintervention für die Mutter

Krisendefinition und Krisenintervention

> „Krisen sind zeitlich umschriebene Ereignisse von ungewissem Ausgang mit dem Charakter des Bedrohlichen, des möglichen Verlustes. Sie stellen gewohnte Wert- und Zielvorstellungen in Frage, fordern Entscheidung und Neuanpassung, können Gefühle der Hilflosigkeit erzeugen, führen vielfach zur Änderung von Verhalten und Erleben und bieten somit auch die Chance einer Neuorientierung." (Reiter / Strotzka 1977)

„Krisis" kommt aus dem Griechischen und heißt wörtlich übersetzt: „Wendepunkt" oder „Entscheidung". Im Chinesischen heißt Krise „Weigi": Wei- bedeutet Gefahr, -gi ist die gute Gelegenheit. Eine Krise beinhaltet Gefahr und Chance auf Veränderung gleichermaßen. Wir sprechen dann von einer Krise, wenn der Mensch einer innerlich oder äußerlich extremen Situation ausgesetzt ist, in der er fürchtet zu dekompensieren, die Situation nicht mehr „in den Griff" zu bekommen. Krisen sind akut und bedrohlich und verunsichern auf der seelischen und sozialen Ebene. Alles was vorher sicher war, scheint plötzlich in Frage gestellt und muss oftmals neu sortiert und geordnet werden. Unsere sonst gut funktionierenden Bewältigungsmechanismen werden brüchig. Die Familie und das soziale Umfeld sind mit betroffen und sollten in die Behandlung immer mit einbezogen werden.

Die innerpsychischen und somatischen Symptome einer Krise sind vielfältig. Häufig zeigen sie sich in erhöhter Nervosität und Erregung, Ängstlichkeit und Verunsicherung, Aggressivität oder Depressivität, in Schuld- und Trauerreaktionen. Somatische Anzeichen können allgemeine Erschöpfungszustände und gesteigerte Infektbereitschaft, Beschwerden des Herz-Kreislaufs- und Verdauungssystems, sowie Rücken- oder Kopfschmerzen sein.

Es gibt unzählige Krisenbeinterventionskonzepte, auf die wir nicht im Einzelnen eingehen können. Grundlage unserer praktischen Arbeit ist das Konzept von Jacobson (1974), wobei wir den therapeutischen Schwerpunkt auf den Trauerprozess legen. Alle Autoren sind sich in der Behandlung von Krisen dahingehend einig, dass sie aufgrund ihrer Bedrohlichkeit schnelles, aktives und gezieltes Handeln fordern, bezogen auf die aktuelle Problemlage. Das Gelingen einer Krisenintervention ist u. a. auch abhängig von den Copingstrategien des betroffenen Menschen, also den Bewältigungsmechanismen, die ihm zur Verfügung stehen, und seinen vorhandenen Ressourcen, auf die er zurückgreifen kann.

In der Krisenintervention ist die Rolle des Therapeuten aktiver und lösungsorientierter als in einer üblichen psychotherapeutischen Behandlung. Der Schwerpunkt der therapeutischen Arbeit liegt auf der Begleitung und Stabilisierung des Menschen in Zeiten von starken Verunsicherungen, der Verbalisierung von innerem, emotionalem Erleben, der Hilfestellung bei der Bewältigung der veränderten Situation und bei der Suche nach neuen Lebensperspektiven.

Der israelische Sozialpsychologe Antonovsky (1987) hat in seinem Konzept der Salutogenese herausgefunden, dass manche Menschen weseneigene Copingstrategien besitzen, die sie auch bei extremen Belastungen nicht aus der inneren Balance geraten lassen. Sie sind in der Lage, Probleme so zu verarbeiten, dass sie an einer Krise nicht zerbrechen, sondern gestärkt aus ihr hervorgehen. Antonovsky nennt diese Eigenschaft „Kohärenzsinn". Es ist die Fähigkeit, eine Krise kognitiv zu verstehen, sie angemessen zu bewältigen und einen inneren Sinn in ihr zu finden.

Menschen, die sich aktiv den Problemen stellen, sich „nicht unterkriegen lassen" und von einem intakten sozialen Netz umgeben sind, scheinen Krisen besser zu bewältigen als Menschen, die sich der Situation gegenüber hilflos und überfordert fühlen. Wenn sie zudem auch noch die Schuld bei sich selber suchen, es nicht wagen, Hilfe von anderen anzunehmen, oder nicht auf ein stützendes soziales Umfeld zurückgreifen können, sind sie im weiteren Verlauf oftmals anfälliger für psychische Langzeitfolgen. Mit den Mitteln einer Krisenintervention sind gerade diese Menschen gut zu erreichen.

Auch die Bewältigung einer zu frühen Geburt ist abhängig von den individuellen Copingstrategien der Mutter, ihren vorhandenen Ressourcen und der schnellen und fachlichen Unterstützung.

Ausgehend von der sechs-stufigen Krisenintervention von Jacobson (1974) hat Schnyder den „Ablauf einer ambulanten Krisenintervention" entwickelt (1996). Wir haben ihn übernommen und für die Situation einer Frühgeburt unter besonderer Berücksichtigung des Trauerphasenmodells nach Kast (1982) modifiziert. Der Kasten zeigt den Ablauf einer Krisenintervention bei Müttern von sehr kleinen frühgeborenen Kindern.

Ablauf einer Krisenintervention bei Müttern von sehr kleinen frühgeborenen Kindern

1 Erstkontakt – Begleitung und Stabilisierung
- schnelle Kontaktaufnahme nach der Entbindung zu der Mutter evtl. mit ihren Angehörigen
- Begrüßung entweder noch auf der Wöchnerinnen-Station oder am Inkubator des Kindes
- ruhige und vertrauensvolle Basis schaffen
- emotionale Entlastung ermöglichen

2 Problemanalyse – Verbalisieren von innerem emotionalem Erleben

2.1 Klärung der Situation
- Was ist geschehen?
- Wie geht es der Mutter körperlich und psychisch?

2.2 Die Mutter mit ihrer Geschichte / Anamnese
- Wie war die Schwangerschaft und Geburt?
- Ist es das erste Kind oder gibt es noch mehrere Kinder?
- Wie ist die Beziehung der Mutter zum Partner und zur Familie?

2.3 Die Mutter-Kind-Beziehung
- Wie erlebt die Mutter den Zustand ihres Babys?
- Mit welchen Gefühlen muss sie sich auseinandersetzen?
- Kann die Mutter das Baby als ihr eigenes Kind annehmen?

- Nimmt die Mutter Kontakt zu ihrem Kind auf oder lehnt sie ihn ab?
- Ist es für die Mutter sinnvoll, bei ihrem Kind zu sein, oder erlebt sie sich als überflüssig?

2.4 Erfahrung mit Klinik und Neugeborenen-Intensivstation – Brücke zwischen Mutter und Arzt
- Wie sehen ihre Erfahrungen mit der Station und der Klinik aus?
- Wie entwickelt sich ihre Beziehung zum Pflegepersonal?
- Bekommt sie Kontakt zu anderen Müttern?
- Fühlt sie sich mit ihrem Baby sicher und beschützt auf der Station?
- Wie ist der gesundheitliche Zustand des Kindes aus Sicht der Ärzte und Schwestern? Was hat die Mutter erfahren?

2.5 Coping und Ressourcen
- Gibt es noch andere Konflikte oder Stressfaktoren? (z. B. Frühgeburten, Fehlgeburten)
- Erfährt sie von zu Hause soziale Unterstützung, gibt es ein soziales Netz?
- Erinnert sich die Mutter an frühere Krisenerfahrungen, die sie positiv bewältigt hat?

3. Ziel-Definition
- realistische Ziele erarbeiten: erstes realistisches Ziel ist die Stimmaufnahme
- Hoffnung vermitteln

4. Problembearbeitung
4.1 Kriseninterventions-Technik: Auditive Stimulation – Erläuterung zur Entwicklung des Hörens
- Wann beginnt das Baby im Bauch zu hören?
- Warum nehmen wir die Mutterstimme auf und nicht die des Vaters?
- Woran kann das Kind die Stimme seiner Mutter erkennen?
- Was übermittelt die Mutterstimme dem Baby?
- Hat die Mutter während der Schwangerschaft anderen Menschen – etwa ihrem Mann oder ihren anderen Kindern – einen Text häufiger vorgelesen oder vorgesungen?

4.2 Erläuterung der Methode
- Was bewirkt die Methode beim Kind und bei der Mutter?
- Wie kann die Mutter sich auf die Aufnahme vorbereiten?
- Wieviel Zeit steht zur Verfügung?
- Wann ist es nicht gut, die Mutterstimme in den Inkubator einzuspielen?

4.3 Unterstützung der Mutter: Entspannung mit Monochord-Musik, Gespräche

4.4 Coping und Ressourcen wiederholen, positive Aspekte verstärken, evtl. differenzieren und in den Alltag integrieren

4.5 Tiefer liegende Konflikte durch Einsicht in die Lebensgeschichte ansprechen (nicht bearbeiten!)

4.6 weitere Unterstützungsmöglichkeiten aufzeigen

4.7 Autonomie fördern

5. Bewertung und Einschätzung neu auftretender Komplikationen beim Kind
- bisher bewältigte Krisensituation besprechen
- bei neu auftretenden Krisen: erneute Problem- und Zieldefinition

6. Entlassungsgespräch
- Standortbestimmung: der Weg von der Geburt bis zur Entlassung.
- Welche Strategien haben während dieser Zeit geholfen?
- Worauf kann die Mutter zu Hause in schwierigen Situationen zurückgreifen?

Setting

Die technische Ausrüstung besteht aus Cassetten- oder Minidiscrecordern, einem Mikrofon, Kopfhörer und Aktiv-Lautsprechern, die man ohne große Störung in den Inkubator stellen kann. Eine kleine Bibliothek mit Bilderbüchern und Vorlesebüchern sollte zur Verfügung stehen – möglichst in mehreren Sprachen, weil es heutzutage viele Patienten aus fremden Sprach- und Kulturbereichen gibt.

Nach Empfehlung des Arztes oder der Schwestern nehmen wir sehr schnell Kontakt mit der Mutter auf, entweder noch auf der Wöchnerinnenstation oder bei ihrem Kind am Inkubator. Wir stellen uns und die Methode kurz vor und vereinbaren einen ausführlichen Gesprächstermin. Die Mütter fühlen sich zu Beginn oft unsicher und ängstlich, deshalb müssen wir zunächst einmal eine angstfreie und vertrauensvolle Ebene schaffen. In der Gesprächsführung gehen wir dann nach den aufgeführten Kriterien der Krisenintervention vor.

In diesem ersten Gespräch erwähnen wir auch die verschiedenen Möglichkeiten einer Aufnahme, damit die Mutter schon eine Vorstellung von dem bekommt, was sie tun kann:

- Sie kann ihrem Kind einen Brief schreiben und ihn vorlesen
- Sie kann frei erzählen, was ihr gerade einfällt
- Sie kann Geschichten vorlesen
- Sie kann Töne, Wiegen- oder Kinderlieder singen oder summen

Weil das Baby einen Text, den es im Mutterleib häufiger gehört hat, nach der Geburt an den Schwingungen und der Klangmelodie wieder erkennt, fragen wir immer auch die Mutter, ob sie sich an etwas erinnert, was sie während der Schwangerschaft anderen vorgelesen oder vorgesungen hat. Es ist wichtig, der Mutter zu sagen, dass ihr Kind den Klang ihrer Stimme bereits kennt und auch wieder erkennt, und dass nur sie ihrem Kind dies geben kann: Niemand kann sie mit ihrer Stimme ersetzen, weil die Stimme Ausdruck ihrer Persönlichkeit und ihres Wesens ist. Kein Arzt, keine Schwester, kein Apparat, keine Medizin und auch kein Bach oder Mozart kann dies für sie tun. Das Gefühl, sich aktiv für die Genesung ihres Kindes einsetzen zu können, ist für die Mutter absolut heilsam und beziehungsstiftend und gibt ihr Autonomie und Kompetenz in ihrer Rolle als Mutter zurück.

Ob sich die Mutter für eine oder mehrere Möglichkeiten entscheidet – die Aufnahme sollte etwa dreißig Minuten dauern. Die Stimmen verändern sich oftmals während der Aufnahme. Anfängliche Unsicherheiten lassen nach, die Mutter ist nicht mehr so aufgeregt, so dass ihre Stimme nach einer Weile natürlicher klingt. Es kommt bei der Aufnahme auch nicht auf den Sinn des Textes an, aber die Mutter muss sich selber wohl fühlen bei dem, was sie ihrem Kind mitteilen möchte. Wir haben auch deshalb 30 Minuten für eine Aufnahme gewählt, weil ein sehr kleines frühgeborenes Baby etwas längere Zeit braucht, um sich auf die Stimme einzustellen und auf sie zu reagieren.

Wir möchten noch einmal betonen, dass eine Aufnahme nie die Anwesenheit der Mutter ersetzen kann, aber sie ist eine große Hilfe, um Verbindung zwischen beiden herzustellen. Die Mutter ist beruhigt, weil sie etwas von sich bei ihrem Kind lassen kann, wenn sie selber nicht bei ihm ist.

Auf der Intensivstation wird das zu früh geborene Kind zu Beginn seines Lebens gleich mit einer Fülle von Geräuschen überschüttet, die es nicht orten und noch weniger erkennen kann. So etwas erzeugt Angst. Das Baby kann die Geräusche nicht mit dem Geschehen in Verbindung setzen. In dem Moment, wo es Zusammenhänge herstellen kann, wirkt dies Angst lindernd und Stress mildernd auf das Kind. Die Stimmaufnahme bedeutet dann: „Immer wenn ich die Stimme höre, ist Mama da."

> Einer Mutter fiel es nicht leicht, diese Erklärungen zu akzeptieren. Sie würde unehrlich sein, wenn sie ihrem Kind das Gefühl gebe, sie sei da, und dann sei es „nur" ihre Stimme. Sie würde damit ihrem Kind etwas vorspielen, was nicht so sei – in Wirklichkeit sei sie ja dann zu Hause.

> Nach einem ausführlichen Gespräch kam die Mutter zu der Überzeugung, dass es ja eigentlich keine Alternative gebe. Ihr Baby habe sonst gar nichts, was in ihrer Abwesenheit an sie erinnere, und das wäre für sie und ihr Kind noch viel schlimmer.

Die Stimme wird nicht in den Inkubator eingespielt, wenn pflegerische, medizinische oder invasive Behandlungen an dem Kind vorgenommen werden, damit es nicht lernt, schmerzhafte oder störende Erfahrungen mit der Mutterstimme in Verbindung zu bringen.

Wir vereinbaren den Aufnahmetermin meist erst für die folgende Woche, um der Mutter Zeit zu lassen, in Ruhe über den Inhalt der Aufnahme nachzudenken und um einen Perspektivenwechsel bei ihr zu erreichen. Für diese Woche kann die Angst um das Überleben ihres Babys ein wenig in den Hintergrund rücken, weil sie sich mit dem beschäftigt, was sie ihrem Kind sagen möchte, was sie ihm wünscht und wie sie sich ihr zukünftiges Leben mit ihrem Kind vorstellt. Die Hoffnung auf ein gemeinsames Leben bekommt so mehr Raum, und, wie es der Philosoph Ernst Bloch ausdrückt: „Hoffnung ist immer ins Gelingen verliebt."

Bei dem nächsten Treffen erklären wir der Mutter die Apparate und machen eine kurze Probeaufnahme. Die Mutter sollte während der eigentlichen Aufnahme keine Unterbrechungen am Apparat vornehmen, um störende Nebengeräusche zu vermeiden. Dann lassen wir sie allein, weil viele Mütter sich scheuen, im Beisein anderer in ein Mikrofon zu sprechen. Manche haben auch Angst vor aufkommenden Gefühlen. Während die Mutter die Aufnahme macht, bringen wir den Lautsprecher im Inkubator an. Wenn wir nach den 30 Minuten wieder in den Raum zurückkommen, erscheint es uns oftmals, als ob eine andere Frau vor uns sitzt. Die Mutter wirkt erleichtert, ruhiger und offener, aber auch häufig sehr erschöpft. Wir hören uns zur Überprüfung gemeinsam den Anfang der Aufnahme an, daraus kann sich noch einmal ein Gespräch ergeben.

Danach gehen wir zum Inkubator, legen die Aufnahme ein, prüfen die Lautstärke und beobachten, wie das Kind reagiert. Es ist für die Mutter immer ein sehr entscheidender und bewegender Moment, wenn sie das erste Mal sehen kann, dass das Baby ihre Stimme wieder erkennt, und sie spürt, dass sie keine Fremde für ihr Kind ist. Dies ist die erste Zwiesprache – der erste Dialog – zwischen Mutter und Kind außerhalb des Mutterleibes. Mary Ainsworth (1977) nennt dies die ersten Rückkoppelungssignale, die die Bindungsqualität zwischen Mutter und Kind prägen. In diesem Moment müssen wir unbedingt bei der Mutter bleiben, um ihr gegebenenfalls Stütze und Halt zu geben, wenn die Gefühle sie überwältigen.

> Der Stationsarzt bittet mich, Kontakt zu Frau R. aufzunehmen. Sie sei vor zwei Wochen von einem Sohn in der 27. SSW mit einem Gewicht von 650 g entbunden worden. Er mache sich Sorgen um die Mutter, weil sie

keinerlei Kontakt zu ihrem Baby aufnehme und auch im Gespräch seltsam unberührt sei. Frau R. wirkt beim ersten Gespräch erstarrt, fast wie eingefroren. Sie hört sich mein Angebot unbeweglich an, ihre Stimme für ihren Sohn aufzunehmen. Sie brauche keine Hilfe – das mit der Stimme könne sie sich zwar nicht vorstellen, aber ich könne ja wiederkommen – ihr sei das gleich. Ich nehme ihr eingeschränktes „Ja" als Hauch eines Beziehungsangebotes an.

Unser nächstes Gespräch beginnt mit langem Schweigen. Frau R. stützt den Kopf in ihre Hände und starrt auf den Tisch. Plötzlich sehe ich, wie ihre Tränen auf den Tisch tropfen, und sie beginnt leise und monoton ihre Geschichte zu erzählen. Morgens sei sie noch zur Arbeit gegangen, und abends sei dann schon das Kind da gewesen. Sie sei noch gar nicht „richtig schwanger" und habe sich so auf ihren Babybauch gefreut. Er sei ein Wunschkind nach vielen Jahren des Wartens. Ihr mache hier alles große Angst, und sie fühle sich als Versagerin. Sie könne kaum ihr Baby anschauen, weil es sie ekele: „Wie ein Frosch sieht er aus – und dann schäme ich mich, wenn ich so etwas denke."

Ich schlage Frau R. vor, alles aufzuschreiben, was ihr durch den Kopf geht. Sie könne auch einen Brief an ihren Sohn schreiben, in dem sie ihm erzählt, was ihr gerade einfalle. Sie zuckt gleichgültig mit den Schultern.

Am nächsten Tag begrüßt mich Frau R. mit einem winzigen Lächeln, das sofort wieder mit ihrem Blick aus dem Fenster verschwindet. Dann zieht sie aus ihrer Tasche ein kleines Büchlein. Das habe ihr Mann ihr mitgebracht, sie habe auch etwas hineingeschrieben. „An meinen Sohn", so beginnt es überraschend. Frau R. weint, begleitet von einem Redeschwall. Sie habe sich das Kind so sehr gewünscht, nachdem sie die Hoffnung schon fast aufgegeben habe, und sei jetzt einfach fassungslos, dass ihr so etwas geschehen sei. Frau R. berichtet von Enttäuschungen in der Ehe, von ihrer Scham und Wut über die vermeintlich eigene Unfähigkeit. Sie schildert ihren Stolz und ihre Freude, als sie endlich schwanger wird. Nun sei sie ihrem Mann endlich eine „vollwertige" Frau. „Und jetzt diese Schande". Der Zustand ihres Sohnes mache ihr derart Angst, dass sie fast „durchdrehe". Nach einer kleinen Pause sagt sie leise: „Aber es verändert sich ein bisschen, ich weiß nicht warum."

Ich ermuntere Frau R., den Brief an ihren Sohn weiter zu schreiben, ihm zu erzählen, was sie sich für ihn erhoffe und wie sie sich ihr späteres gemeinsames Leben vorstelle. Sie könne dann diesen Brief für ihren Sohn auf die Diskette sprechen. Frau R. ist einverstanden.

Die Schwestern berichten mir in den kommenden Tagen von kleinen positiven Veränderungen im Verhalten von Frau R. Sie habe sich mit einer anderen Mutter angefreundet und ließe sich momentan von einer Schwester das Wickeln ihres Sohnes im Inkubator zeigen.

Als wir die Aufnahme machen, bittet Frau R. mich, den Raum zu verlassen, sie könne das nur allein machen, sie schäme sich sonst – nicht ahnend, dass ich so meist handele, damit die Intimsphäre der Mutter gewahrt bleibt. Danach gehen wir mit der Aufnahme zu ihrem Sohn, wo ich inzwischen einen kleinen Lautsprecher am Kopfende des Inkubators installiert habe. Wir sind beide sehr gespannt .Wird etwas geschehen und auch zu beobachten sein? Nachdem die CD auf die richtige Lautstärke eingestellt ist, lauschen wir und warten. Frau R. zittert am ganzen Körper. Ich lege meinen Arm um sie, und wir warten weiter. Ihr Sohn liegt mit geschlossenen Augen in seiner gläsernen Welt, nichts scheint ihn zu erreichen. Plötzlich versucht er die Augen zu öffnen. Er zieht erst eine „Augenbraue" hoch, dann beide. Es gelingt nicht. Seine kleine Stirn legt sich in viele Falten bei seinem Versuch, die Augen zu öffnen. Und dann – nach einer großen Weile und vielen Versuchen, öffnen sich die Augen zu winzigen Schlitzen. Sein Kopf legt sich ein wenig in den Nacken, als ob er den Lautsprecher anschauen wolle, und sein klitzekleines Gesicht verzieht sich zu einem Lächeln. Frau R. neben mir lacht und weint gleichzeitig. Ihr ganzer Körper bebt, und dann fällt sie mir um den Hals: „Das gibt's doch gar nicht – ich hab's nicht geglaubt!"

Die Schwestern stellen die Aufnahme individuell nach Absprache mit der Mutter bis zu 5-mal täglich an. Möchte die Mutter nach der Versorgung ihres Babys nach Hause gehen, kann sie auch selber die Aufnahme einstellen. So bleibt noch etwas von ihr bei ihrem Kind, und es gibt der Mutter ein Gefühl von Sicherheit, alles getan zu haben, damit ihr Baby sich nicht allein fühlt.

Es ist sehr selten, dass ein Kind negativ auf die Mutterstimme reagiert. In solchen Fällen muss erst einmal die Aufnahme daraufhin überprüft werden, ob eine äußere Ursache festzustellen ist.

Eine Schwester berichtete, dass M. (27. SSW / 890 g) im Alter von 32 Wochen auf die Stimme seiner Mutter immer mit Weinen reagiert. Entgegen meiner sonstigen Gewohnheit hörte ich mir die Aufnahme an und musste feststellen, dass die Mutter auf der Aufnahme fast die ganze Zeit geweint hatte. Zur gleichen Zeit sprach mich auch die Mutter an, es ginge ihr jetzt viel besser, ob wir noch einmal eine neue Aufnahme machen könnten. Damals sei sie derart „geschafft" gewesen und habe nur weinen können. Die Reaktion des Sohnes auf die neue Aufnahme war genau entgegengesetzt. Wenn er schrie, ließ er sich durch die Stimme beruhigen, antwortete oftmals mit einem Lächeln, und es erschien, als ob er mit seinen Augen die Stimmquelle suchte. Die Mutter war sehr erleichtert, weil sie die vorherige Reaktion ihres Sohnes als Ablehnung ihrer Person gewertet hatte.

Ist der Zeitpunkt gekommen, wo die Mutter ihr Baby mit nach Hause nehmen kann, bieten wir den Eltern ein abschließendes Gespräch an. Meist liegt der Zeitpunkt um den errechneten Geburtstermin, Ausnahmen sind schwer erkrankte Kinder. In diesem Gespräch schauen wir uns noch einmal gemeinsam die Zeit von der Geburt bis zur Entlassung an und überlegen, welche Verhaltensweisen und Lösungsmöglichkeiten während dieser Zeit für die Eltern förderlich waren und auf welche sie bei anstehenden Ängsten und Sorgen zu Hause zurückgreifen können.

Manche Eltern kommen aus Lebensbezügen mit schwerwiegenden Problemen, die nichts mit dem jetzigen Ereignis zu tun haben, aber durch die schwierige Situation reaktiviert wurden. Wir können sie wohl in der Krisenintervention entlasten und stützen, aber nicht die Problematik bearbeiten. Diese Eltern verweisen wir an die Psychologen des Krankenhauses oder zu ambulanten Psychotherapeuten und Psychiatern, damit sie dort die nötige Unterstützung und Therapie bekommen.

> Frau D. wird von Zwillingen, zwei Söhnen, in der 25. SSW (820 g / 780 g) entbunden. Ein Sohn verstirbt eine Woche nach der Geburt. Die beiden ersten Zwillingssöhne verstarben vor 2 Jahren ebenfalls in der 25. SSW direkt nach der Geburt. Ich lerne die Eltern sofort nach der Entbindung in einem ersten Gespräch kennen. Sie erscheinen sehr stabil und gefasst. Die verstorbenen Zwillinge seien kein Thema mehr für sie: „Das haben wir abgehakt. Wir freuen uns über unsere beiden neuen Söhne." Nach der erneuten Todeserfahrung brach für den Vater alles zusammen: „Bei mir ist etwas explodiert. Ich bin durchgeknallt. Ich weiß überhaupt nicht mehr, welches Kind nun gemeint ist. Ich bringe alle Gestorbenen durcheinander. Von den ersten beiden Zwillingen wollte ich nichts mehr wissen – ich habe sie auch totgeschwiegen. Es sollte einfach nicht gewesen sein, und jetzt merke ich, dass das nicht geht. Es ist, als ob sie alle hier im Inkubator liegen. Ich weiß nicht mehr, welcher Sohn denn jetzt gestorben ist."

Verstärkte Krisenintervention für beide Eltern und die zusätzliche Hilfe eines Psychiaters waren in diesem Fall nötig. Nach der Entlassung des überlebenden Sohnes aus der Klinik schlossen sich die Eltern einer Selbsthilfegruppe an. Nach vier Monaten bekamen wir einen Brief von den Eltern:

> „L. geht es sehr, sehr gut. Er war bisher noch nicht einmal wieder wirklich krank. Sein Geburtsgewicht hat er inzwischen verachtfacht. Jeden Morgen lächelt er uns aufs Neue an, und das ist ein so unbeschreibliches Gefühl. Wir genießen jeden Tag mit unserem Sonnenschein. Für uns ist ein großer Traum in Erfüllung gegangen. Endlich haben wir ein Baby bei uns zu Hause. Seinem Bruder haben wir es bei den anderen Zwillingen auf dem Friedhof schön gemacht. Wir besuchen die drei sehr oft. Es tut immer noch unheimlich weh, aber wir lernen, damit zu leben."

Trauerprozess

„Die Trauer ist die Emotion, durch die wir Abschied nehmen." (Kast 1982)

Die zu frühe Entbindung einer Mutter von ihrem Kind stellt die Eltern vor die unabänderliche Tatsache, sich meist sehr plötzlich von all ihren Hoffnungen, Wünschen und Plänen mit einem zur rechten Zeit geborenen Baby verabschieden zu müssen. Neue Lebensperspektiven sind zunächst nicht sichtbar. Für die Eltern bedeutet dies einen Verlust ihrer Zukunftsperspektiven. So wie sie es sich erwünscht haben, ist es nicht geworden, und es bleibt die Frage, ob es jemals so werden wird.

Alle Mütter von Frühgeborenen trauern um den Verlust ihrer Schwangerschaft, alle Eltern trauern um das erwünschte gesunde Baby und müssen manchmal auch auf einen eventuellen Verlust des Kindes vorbereitet werden *(antizipatorische Trauer)*.

Erschwerend kommt hinzu, dass sich durch das Erlebnis einer Frühgeburt frühere Verluste oder alte traumatische Ereignisse, die nicht betrauert wurden, neu beleben können. Der nachfolgende Fall von Frau P. schildert dies sehr eindrücklich. Die Mutter konnte erst nach dem Aufdecken der zurückgehaltenen Wahrheit eine eigene Aufnahme für die Tochter machen. Damit ebnete sich für Mutter und Tochter der Weg zu einem ersten Beziehungsaufbau.

> Frau P. wird in der 29. SSW von einem Jungen Michael (1060 g) und einem Mädchen Eva (1200 g) entbunden. Sie hat schon einen 17jährigen Sohn. Frau P. erscheint kaum ängstlich und meistert die derzeitige Situation sehr lebenspraktisch. Uns fällt auf, dass sie sich liebevoll um Michael kümmert, Eva dagegen meist von den Schwestern versorgen lässt. Allen Versuchen, ihr Eva etwas näher zu bringen, widersetzt sie sich. Der Mutterstimmenübertragung stimmt Frau P. sofort zu. Sie freut sich, etwas für ihre Kinder tun zu können. Allerdings möchte sie nur eine Minidisc für beide Kinder besprechen: „Zwei Aufnahmen müssen nicht sein, eine CD für beide langt. Sie können sie doch kopieren". Mir fiel während der Gespräche mit Frau P. auf, dass sie sich beim Namen ihrer Tochter immer wieder versprach. Auf meine Frage, wer denn Melanie sei, fing Frau P. entsetzlich an zu weinen: Sie habe schon eine Tochter – Melanie – gehabt, sie müsse jetzt zehn Jahre alt sein. Mit drei Jahren sei sie plötzlich an einer Infektion verstorben. Das habe sie hier noch niemandem erzählt, weil sie nicht daran denken wolle. Deshalb könne sie Eva auch nicht anschauen, weil sie jedes Mal an ihre verstorbene Tochter denken müsse. Sie bekomme dann eine wahnsinnige Angst und wolle am liebsten weglaufen. Sie habe sich deshalb ja auch zwei Söhne gewünscht, weil sie sich nicht vorstellen könne, jemals einen unbelasteten Zugang zu Eva zu bekommen.

Einige Kinder sind nach der Geburt noch so winzig, ihre Organe für ein Leben außerhalb des Mutterleibes noch derart unreif, dass sie trotz großer medizinischer Anstrengungen nicht überleben können.

Wenn wir uns von einem geliebten Menschen trennen müssen, so bleiben uns doch immer die Erinnerungen an ihn. Die Schweizer Psychotherapeutin Verena Kast (1982) sagt dazu: „Ein wirkliches Zurücklassen ist es natürlich nicht, auch wenn wir uns von einem Menschen trennen müssen, der gestorben ist. Das Leben mit ihm, die Erlebnisse mit ihm sind in unserer Erinnerung gegenwärtig, gehören zu uns, machen unser Leben aus."

Eltern, die den Tod ihres zu früh geborenen Kindes betrauern, können auf keine gemeinsame Zeit zurückschauen. Es hat noch kein Leben mit ihrem Baby gegeben, kein Erinnern, und das macht alles so unwirklich und noch schmerzhafter. Es gibt nichts, was sie von ihrem Kind behalten, außer vielleicht einem Hand- oder Fußabdruck und die Erinnerung an schreckliche Erlebnisse auf der Intensivstation.

Damit wir nach der Trauer wieder neues Vertrauen ins Leben fassen können und neue Lebensperspektiven entwickeln, müssen wir sie durchleben. Die Phasen eines Trauerprozesses beschreibt Kast: „Entscheidend scheint mir in der Trauerarbeit die Erfahrung, dass wir Trennung nicht nur ertragen können, sondern dass sie durch die Trauer hindurch dazu führen, uns selbst wieder neu zu erleben, auch mit neuen Wertungen: als Menschen, die auch durch Trennungen nicht zerbrechen." (1982)

Auch im Trauerprozess der Mütter, die das vorzeitige Ende ihrer Schwangerschaft und die zu frühe Geburt ihres Kindes betrauern, sind die von Kast beschriebenen Phasen wieder zu finden; die Ärztin Elisabeth Kübler-Ross sagt zu diesen Phasen: „Es sind Verteidigungsmechanismen … Mechanismen zur Bewältigung extrem schwieriger Situationen. Sie alle wirken unterschiedlich lange Perioden hindurch, lösen einander oft ab, existieren aber auch nebeneinander. In jeder Phase vorhanden ist fast immer die Hoffnung." (1987)

Die erste Phase – Nicht-Wahrhaben-Wollen: Durch die überraschende Geburt konnte die Mutter sich innerlich nicht auf ihr Kind vorbereiten. Die Mutter steht deshalb anfangs oftmals wie unter einem Gefühlsschock, der sich in Empfindungslosigkeit oder Affektstarre zeigt. Sie fühlt sich wie gelähmt und kann einfach nicht glauben, was geschehen ist. „Das Nichtwahrhabenwollen schiebt sich wie ein Puffer zwischen den Kranken und sein Entsetzen über die Diagnose … Das Nichtwahrhabenwollen ist meistens nur eine vorübergehende Phase, die bald durch wenigstens teilweise Akzeptierung abgelöst wird." (Kübler-Ross 1987)

Es hilft der Mutter, wenn sie glauben kann, dass ihr seelischer Zustand keine Gefühllosigkeit ihrem Kind gegenüber bedeutet, sondern dass diese Gefühle auch ein Schutz für sie sind, damit sie die Realität überhaupt erträgt. Für die Mutter – die Eltern – ist wichtig zu erfahren, dass wir an sie und ihr Verhalten keine Erwartungen stellen und dass alle Gefühle „in Ordnung" sind.

Die zweite Phase – Aufbrechende Emotionen: Die Affektstarre wird meist abgelöst von einem ganzen Bündel von Gefühlen. Angst, Schuld, Trauer, Wut, Zorn, Neid, Verzweiflung – ein Chaos von unangenehmen Gefühlen bricht über die Mutter herein. Dahinter peinigt sie die Frage: Warum denn gerade ich, warum trifft es uns? Sie sucht nach Gründen und Ursachen, nach Schuldigen, wobei sie sich hierbei selber mit einbezieht.

Fast nicht auszuhalten ist für die Mutter der Zorn über die unumstößliche Wahrheit, dass nichts zu ändern ist, dass es nichts gibt, was dagegen zu tun ist. Den Zorn auf das Kind als „Verursacher" dieser Lage kann die Mutter erst recht nicht zulassen, sie würde sich noch schuldiger fühlen. So bricht der Zorn ohne ersichtlichen Anlass über andere her. Kast spricht von verschobenem Zorn. Zorn auf die Ärzte, weil sie nicht helfen können, Zorn auf den Frauenarzt, der vielleicht etwas übersehen hat, Zorn auf Schwestern und Pfleger, weil nicht alles so reibungslos abläuft, wie die Mutter es sich vielleicht wünscht. Zorn auf die Familie, den Partner, Zorn auf uns, wenn wir nicht sofort Zeit für ein Gespräch haben. Tief unter all diesem Zorn sitzt aber die Scham, überhaupt Zorn zu verspüren, und die übergroße Angst der Mutter, dass ihr Baby überhaupt nicht oder nur mit großen Behinderungen überleben wird.

Die Mutter braucht hier unser Verständnis, dass sie sich wegen ihrer Gefühle nicht schämen muss, sondern dass sie ihre individuelle Auseinandersetzung und Trauerreaktion auf diese Situation bedeuten. Wenn die Mutter dies innerlich annehmen kann und das Gefühlsdurcheinander durchlebt hat, beginnt sie ihre schwierige Situation zu akzeptieren und sich der Realität zu stellen. Erst danach ist sie in der Lage, eine neue und tragfähige Mutter-Kind-Beziehung aufzubauen.

Die dritte Phase – Suchen und Sich-Trennen: Hat die Mutter die Situation mehr angenommen, beginnt häufig die innere Suche danach, wie das „neue" Leben mit ihrem zu früh geborenen Baby aussehen könnte. Welche vorherigen Lebensmuster kann sie hinüber retten in ihr Leben als Mutter eines frühgeborenen Kindes? Was muss ganz neu überlegt und gefunden werden? Einige Mütter versuchen innerlich, mit ihrem Schicksal zu verhandeln: „Wenn ich das oder das tue, dann wird mein Kind gesund." In dieser Phase ist bei der Mutter insgesamt eine größere Sicherheit zu spüren, dass sie die Situation schon bewältigen wird, gleich wie sie ausgeht. Natürlich bricht auch immer wieder der Schmerz darüber aus, dass ihr Baby derart schwere Bedingungen zu Beginn seines Lebens bewältigen muss. Die Mutter verharrt nicht mehr in der passiven Haltung des Getrennt-Worden-Seins, sondern ist mehr und mehr bereit, sich aus eigenem Antrieb emotional von den vorherigen Erwartungen zu trennen.

Die vierte Phase – Neuer Selbst- und Weltbezug: Wenn die Mutter Hilfestellung zur Überwindung der vorherigen Phasen bekommen hat, muss sie ihr Schicksal nicht mehr hilflos oder zornig hinnehmen. Wenn sie ihre Gefühle aussprechen, ihre Trauer ausleben konnte, kann sie den Verlust einer geglückten Schwangerschaft akzeptieren und in der Folge ihr verändertes Leben leichter annehmen. „Je besser der Trauernde sich in die neuen Rollen hineinfindet, die das Leben von ihm verlangt, je besser er sieht, auch im Zusammenhang mit diesen neuen Rollen, welche Eigenschaften er als Mensch entwickeln kann, um so eher gewinnt er sein Selbstvertrauen und seine Selbstachtung wieder." (Kast 1982)

Die Mutter überlegt, wie sie ihre Situation verbessern könnte und woher sie hierfür Unterstützung bekommen kann. Sie nimmt Kontakt zu anderen Müttern der Intensivstation auf und beginnt, sich ihr späteres Leben mit ihrem Kind daheim auszumalen. Viele Mütter planen dies ganz realistisch, auch wenn der Termin der Entlassung noch nicht feststeht. Sie fahren an Wochenenden gelegentlich nach Hause und können das auch mehr und mehr genießen, weil ihr Vertrauen gewachsen ist, dass für ihr Baby während ihrer Abwesenheit auf der Station schon gut gesorgt wird.

Um der Mutter überhaupt die Chance zu geben, sich emotional neu auf ihr Baby und die Situation einzulassen, muss sie trauern dürfen, ohne sich schuldig zu fühlen. Hierfür braucht sie, Ruhe, Zeit und einen Menschen, mit dem sie die Trauer durchleiden kann. „Wer seinen Schmerz ausdrücken darf, kann sich leichter mit seinem Schicksal abfinden und ist denen dankbar, die in diesem Stadium der Depression ruhig bei ihm bleiben, ohne fortwährend zu wiederholen, dass er doch nicht traurig sein soll." (Kübler-Ross 1987) Aus der verwundbaren Entwicklungsphase der Mutter-Kind-Beziehung kann so eine neue mütterliche Identität und Kompetenz erwachsen, oder wie Mechthild Papoušek, die Münchner Entwicklungspsychologin, es beschreibt: „So kann aus dem Teufelskreis ein Engelskreis werden."

Beobachtungen und Erfahrungen

> Frau W. wird von zwei Mädchen in der 28. SSW (800 g / 865 g) entbunden. Sie kommt aus Syrien und ist eine sehr gläubige Frau. Die Zwillinge sind ihr sechstes und siebtes Kind. Die Familie lebt schon lange in Deutschland und macht einen stabilen Eindruck. Alle scheinen trotz der vorzeitigen Entbindung überglücklich über die Zwillinge zu sein. Frau W. wirkt sehr unbelastet. Sie hilft sehr schnell nach der Entbindung, ihre beiden Kinder zu versorgen und stimmt der Mutterstimmenübertragung sofort zu. Es erscheint alles problemlos.
> Plötzlich nehmen die Besuche von Frau W. bei ihren Töchtern ab. Sie wirkt immer unglücklicher und meidet den Kontakt zu uns. Darauf ange-

sprochen, bricht sie weinend zusammen. Sie könne keine Aufnahme machen, weil sie sich „versündigt" habe. Sie habe eine Tochter Manuela nennen wollen, das bedeute „Gott sei mit dir", doch ihr Mann sei dagegen gewesen. So habe sie ihm dann zugestimmt und die Tochter Dorothea genannt. Sie mache sich jetzt die größten Vorwürfe. Gott habe sie deswegen sicherlich mit der Frühgeburt bestraft: „Und nun bin ich Schuld, dass es meinen Kindern so schlecht geht." Sie quäle sich die ganze Zeit mit diesen Schuldgefühlen herum, könne es niemandem sagen – auch nicht ihrem Mann – und wisse einfach keinen Ausweg. Nach einem klärenden Gespräch mit ihr und dem Ehemann wurde Dorothea von einem Geistlichen im Inkubator in Manuela umgetauft und gesegnet. Frau W. war danach spürbar erleichtert. Sie nahm den Kontakt zu ihren Kindern wieder auf und machte für jede Tochter eine Aufnahme. Hinterher berichtete sie strahlend, sie habe ihren Töchtern erzählt, dass der Geistliche sie gesegnet habe.

Auf einer neonatologischen Intensivstation stößt man ständig an Grenzbereiche menschlicher Existenz. Geburt und Tod liegen hier spürbar dicht beieinander. Die Aufnahme der Mutterstimme wirkt oft wie ein Türöffner zur Lebensgeschichte nicht nur der Mutter, sondern auch des Vaters und der ganzen Familie. Die Einsicht in ihre Biographie hilft uns zu verstehen, auf welchen Boden die zu frühe Entbindung gefallen ist. Wir müssen herausfinden, welche unterstützenden Maßnahmen für diese Mutter hilfreich sind, oder ob konflikthafte Themen aus der Vergangenheit den Aufbau einer möglichst unbelasteten Mutter-Kind-Beziehung noch zusätzlich erschweren. Folgende Themen begegnen uns wiederholt:

Partnerkonflikte
- Trennung, Scheidung
- unerwünschtes Kind oder Kind als „Retter" der Ehe

Schwangerschaftsprobleme:
- Misslungener Schwangerschaftsabbruch
- Früh-, Fehl- oder Totgeburten in der Vorgeschichte
- Kind als „Ersatz" für ein früher verstorbenes Kind
- Sterilitätsbehandlungen, Mehrlingsgeburten
- Tod eines Kindes

Psychosoziale Probleme:
- Alleinerziehende Mütter, sehr junge Mütter und ältere Erstgebärende
- Traumatische Kindheitserfahrungen der Mutter oder des Vaters
- Krankheit eines Elternteils mit Angst vor Vererbung

- Angststörungen, Suchterkrankungen, andere psychische Störungen, Suiziderfahrungen

Spezielle Probleme bei Migranten:
- Sprachprobleme, Arbeitslosigkeit, Asylverfahren, drohende Abschiebung, katastrophale Wohnverhältnisse, Isolation

Wir müssen immer wieder damit rechnen, dass nicht alle Eltern die Zusammenhänge der Auditiven Stimulation nachvollziehen können, entweder weil sie sehr einfach strukturiert oder Analphabeten sind. Wenn die Mutter nicht frei singen, lesen oder sprechen kann, bitten wir sie, ihrem Kind die Bilder aus den Kinderbüchern zu beschreiben. Bei ausländischen Mitbürgern brauchen wir manchmal die Hilfe eines Dolmetschers. Das wird häufig auch von Schwestern übernommen. Therapeutische Gespräche sind in solchen Fällen aber kaum möglich. Hier müssen wir besonders geduldig und achtsam sein, weil es sonst leicht aus Unkenntnis ihrer kulturellen Gewohnheiten zu Missverständnissen kommen kann.

> Die Schwestern berichteten, dass ein türkischer Vater sich im Kontakt zu ihnen ablehnend verhalte und auf der Station „herum schimpfe", ohne dass sie ihn so recht verstehen könnten, sich aber bei der Versorgung seines Kindes nicht beteilige. Im Gespräch drückte er vehement seine Angst und Sorge, aber auch seine Verärgerung über die Art der Behandlung aus: „ Man soll mein Kind endlich in Ruhe lassen. Das kann doch niemand aushalten, jeden Tag Blut abgenommen zu kriegen. Wie soll sich mein Sohn denn dabei erholen. Er braucht Ruhe, nichts als Ruhe, dann wird er schon groß und stark werden."

Bei Bilingualität raten wir der Mutter, die Aufnahme in ihrer Muttersprache zu machen, wenn sie diese die meiste Zeit ihres Lebens gesprochen hat. Es ist unglaublich eindrucksvoll zu hören, wie verschieden die Klangmelodien der unterschiedlichen Sprachen klingen. Da gibt es weiche Melodien aus dem Orient, die kaum ein Auf und Ab aufweisen, es klingt wie ein Singsang auf einer Linie; härtere Melodien mit gutturalem, rollendem „R" der russischen Sprache; afrikanische Sprachmelodien voller Vokale.

Wichtig ist für uns, andere religiöse Riten wenigstens im Ansatz zu kennen. Es besteht sonst die Gefahr, dass wir der Mutter durch Interventionen, die ihren heimischen Bräuchen nicht entsprechen, noch zusätzlich Probleme bereiten. Beispielsweise warten orthodoxe Moslems häufig ab, ob das Kind überleben wird, und geben ihm erst dann einen Namen. Die muslimische Mutter glaubt, so den Schmerz verringern zu können, falls ihr Baby verstirbt. Aus unserer Sicht macht das den Aufbau einer

Mutter-Kind-Bindung besonders schwierig, weil die Mutter so lange intensiveren Kontakt zu ihrem Baby meidet, bis sie eben sicher ist, dass das Kind überleben wird. Wenn die Mutter versteht, dass sich die Beziehung zwischen ihr und ihrem Baby schon intrauterin angebahnt hat – also lange vor der Geburt begonnen hat – ist sie eher in der Lage, ihre Meinung zu ändern.

Sehr gläubige muslimische Mütter legen häufig einen kleinen Koran in den Inkubator. Ihnen ist von ihrem Glauben her nicht erlaubt aus dem Koran vorzulesen, solange sie noch den Wochenfluss haben, also noch „unrein" sind. Dagegen ist dies bei anderen Müttern, die nicht mehr so stark in ihrem Glauben verwurzelt sind, sehr beliebt. Sie lesen immer aus dem Koran vor.

Ein türkischer Vater beeindruckte uns durch seine ruhige und sichere innere Haltung. Als einer seiner Zwillingssöhne bei uns kurz nach der Geburt auf der Station verstarb, ließ er uns an seinem Glauben teilhaben:

> „Wir glauben, dass Ersin jetzt bei Abraham im Paradies ist. Abraham spielt dort im Kinderparadies mit den Kindern. Ersin bleibt bis zu seiner Pubertät im Kinderparadies, weil er bis zur Pubertät noch nicht sündigen kann. Er ist noch nicht selber für sich verantwortlich. Wir können hier auf der Welt ja nicht mehr die Verantwortung für ihn übernehmen, deshalb macht es Abraham. Ersin wartet oben im Kinderparadies auf uns, alle Kinder warten dort auf ihre Eltern. Und wenn Ersin Heimweh hat und weint, dann kommt Mohamed und bringt ihm eine Frau, die aussieht wie seine Mama, aber nicht riecht wie seine Mama. Dann sagt unser Baby, dass sie nicht seine Mama ist. Und das macht Mohamed dreimal, bis Ersin verstanden hat, dass er noch warten muss, bis seine richtige Mama nachkommt. Warum soll ich jetzt traurig sein – ich weiß, dass es Ersin bei Abraham gut geht."

Aufgrund von Sterilitätsbehandlungen kommt es heutzutage häufiger zu Mehrlingsgeburten. Diese Mütter haben sich von Anfang auf eine frühere Geburt eingestellt, deshalb erleben sie die Frühgeburt auch als nicht so beängstigend. Oftmals haben sie sich schon vorher die Intensivstation angeschaut und im Vorfeld Kontakt zu den Schwestern aufgenommen. Trotzdem sind diese Mütter in besonderer Weise gefordert, weil sie sich gleichzeitig um mehrere Kinder kümmern müssen. Auch bei der Auditiven Stimulation müssen sie mehrere Aufnahmen machen – für jedes Kind eine eigene. Dies ist notwendig, weil wir den Beziehungsaspekt zwischen der Mutter und ihrem Kind im Blick haben. Es vermittelt ihr, dass sie zu jedem Kind eine eigene und individuelle – also nur mit diesem einen Kind mögliche – Beziehung aufbaut.

Immer wieder geschieht es, dass nicht alle Kinder einer Mehrlingsgeburt überleben. Die Mutter steht dadurch in einem noch größeren inneren

Konflikt, zur gleichen Zeit Trauer- und Beziehungsarbeit leisten zu müssen. Die Mutter muss sich zunächst von ihrem verstorbenen Kind verabschieden, ehe sie emotional in der Lage ist, sich dem überlebenden Baby zu widmen.

Natürlich gibt es auch Mütter, die aus den unterschiedlichsten Gründen der Auditiven Stimulation ablehnend gegenüber stehen. Allerdings geschieht dies seltener und zeigt sich auch mehr in verschlüsselter Form. Entweder finden wir nur schwer gemeinsame Termine, die Mutter vergisst sie wiederholt, oder anderes scheint ihr wichtiger zu sein. Dahinter können sich unbewusste Konflikte, Ängste oder Schuldgefühle verbergen. Wir versuchen mit der Mutter trotz ihrer ablehnenden Haltung im Gespräch und Kontakt zu bleiben, um ihr weiterhin die Chance einer Beziehungsaufnahme zu ihrem Baby über die Mutterstimmenübertragung zu ermöglichen.

Die Mütter äußern manchmal den Wunsch, dass sie die Aufnahme gemeinsam mit dem Vater ihres Kindes machen wollen. Für uns kann dies ein Zeichen sein, dass wir noch nicht gründlich genug erklärt haben, was Ziel unserer Methode ist:

Wir wollen mit Hilfe der Mutterstimme dem Kind zu früh Genommenes wenigstens teilweise ersetzen und wir wollen mit der Mutterstimmenübertragung die Beziehung zwischen Mutter und Kind festigen, die für die spätere Bindungsfähigkeit des Kindes wichtig ist. Damit der Vater sich nicht ausgeschlossen oder übergangen fühlt, braucht es hier immer wieder verständnisvolle Erklärungen: obwohl das Kind bereits geboren ist, handelt es sich eigentlich immer noch um die enge und symbiotische Phase der Schwangerschaft, die das Baby auch für seine seelische Reifung braucht, denn wir sehen ja eigentlich noch in den Mutterleib, wenn wir das Baby im Inkubator anschauen.

Allerdings kann der Vater zusammen mit der Mutter überlegen, was die Aufnahme beinhalten soll. Manche Eltern schreiben deshalb auch gemeinsam einen Brief an ihr Kind, den dann aber nur die Mutter vorliest, weil es um die Klangmelodie der Mutterstimme geht, die das Baby wieder erkennt.

Manchmal gibt es Situationen, in denen wir die Auditive Stimulation in ihrer originalen Form nicht anwenden können. Wir werden mit Situationen konfrontiert, die nicht mehr den „Regeln" entsprechen und die deshalb von uns auch individuell gelöst werden müssen, beispielsweise wenn das Kind einer Pflegemutter zugesprochen wird und diese auch schon auf der Intensivstation das Baby versorgt oder wenn die Mutter verstorben ist.

Die eigentliche Mutter-Kind-Bindung können wir dann natürlich nicht intensivieren. Trotzdem benutzen wir die Technik, um eine Beziehung zwischen der neuen Mutter und dem Baby herzustellen und so dem Aufbau von neuen Beziehungsstrukturen Hilfestellung zu leisten.

Moritz' Mutter verstarb während der Geburt. Er lag viele Monate auf der Intensivstation. Unsere Aufgabe war die therapeutische Begleitung des Vaters und der fünf Jahre älteren Schwester Maria. Maria trauerte einerseits um die Mutter, andererseits stand sie in dem Konflikt, sich über die Geburt ihres Bruders zu freuen, ihm gleichzeitig aber die Schuld am Tod der Mutter zu geben. Der Vater fühlte sich restlos überfordert. Die eigene Trauer ließ ihn handlungsunfähig werden. Er wusste überhaupt nicht, wie er zu Maria und Moritz Kontakt bekommen sollte. Maria hatte großen Spaß daran, sich für den kleinen Bruder immer wieder neue Geschichten auszudenken. In ihrer spontanen Art schloss sie den Vater einfach mit ein. Wochenlang waren wir mit immer neuen Aufnahmen beschäftigt. Durch das gemeinsame Ziel, etwas für das Baby zu tun, waren Vater und Tochter ihrem Schicksal nicht mehr passiv ausgeliefert. Sie konnten aktiv eine neue und tragfähige Beziehung gestalten.

Frühprävention für das Kind

Von der Mutterstimme war bereits die Rede, und davon, wie sie uns alle schon im Mutterleib begleitet und geprägt hat. „Unsere früheste Muttererfahrung ist also eine akustisch-rhythmisch-dynamische. Aus dieser Zeit resultiert auch unsere Sehnsucht nach Geborgenheit, denn wir hatten sie einmal. Einmal war alles, was um uns war, nur für uns, für das Ungeborene. Das Getragensein, die Nahrung, Wärme, Atem, Bewegung, Wachstum, Hoffnung, alle Zeit und aller Raum. Und das nicht nur in vager Zufälligkeit, sondern – in einer geglückten Mutter-Kind-Beziehung – das alles im richtigen Maß, d. h. in einer dem jeweiligen Bedürfnis des Kindes angemessenen Menge."(Loos 1995 a)

Wir haben geschildert, wie lebensnotwendig der erste Stimm-Dialog – die frühesten Resonanzerfahrungen – im Mutterleib zwischen dem Baby und seiner Mutter ist, damit das Kind später in der Gewissheit aufwachsen kann, dass das Leben es gut mit ihm meint. „Konstanz und Zuverlässigkeit sind unabdingbare Voraussetzungen für die Entwicklung des Urvertrauens" (Maiello 2003).

Aber wenn es nun anders ist, wenn das Kind im Mutterleib nicht genügend Zeit hatte? Wir haben über die Brüche berichtet, die ein Kind und seine Mutter erleben, wenn dieser frühe Dialog durch eine extrem frühe Entbindung abrupt unterbrochen und zu einem „frühgestörten Dialog" wird. Und wir haben erklärt, wie über die Mutterstimme dem Baby überlebenswichtige emotionale Resonanzerfahrungen vermittelt werden; wie heilsam die Stimme der Mutter hier für die Seele ihres Kindes ist.

In unserer therapeutischen Praxis begegnen uns immer wieder erwachsene Patienten, die Sätze äußern wie: „mich sieht keiner"; „ich bin nicht gemeint"; „ich gehöre nicht dazu"; „ich traue meinen eigenen Wahrnehmungen nicht"; „ich fühle mich unsicher"; „niemand mag mich"; „ich bin allein" – Menschen mit Beziehungs- und Bindungsproblemen, mit Ess-Störungen oder so genannten Frühen Störungen, die der Psychoanalytiker Michael Balint Grundstörungen nennt. Häufig berichten diese Patienten von schwierigen Anfangsbedingungen in ihrem Leben. Der Nährboden dieser Störungen heißt Resonanzmangel zu ganz früher Zeit, so: „entstehen aus den Bindungswünschen des normalen Kindes emotionale Rückzugstendenzen"(Stern 1992).

Wir glauben, dass die Mutterstimme eine Präventionsmaßnahme gerade dieser Störungen sein kann, weil sie dem früh verunsicherten Kind nicht nur zur Intensivzeit sondern auch für sein weiteres Leben neue beziehungsreiche Erfahrungen vermittelt. Die Stimme ist Kontakt- und Beziehungsträgerin zwischen Mutter und Kind und symbolisiert gleichzeitig Sicherheit, Vertrauen und Verlässlichkeit – dies alles sind Grunderfahrungen, die ein zu früh geborenes Kind zu Beginn seines Lebens nicht gemacht hat. Das Kind reagiert auf die Stimme seiner Mutter, indem es sich ihr emotional zuwendet. Es ist also ein wechselseitiges Beziehungsgeschehen über die Stimme, die den frühkindlichen emotionalen Mangelerfahrungen entgegenwirkt und neue Bindungs- und Beziehungserfahrungen ermöglicht. Wie absolut heilend für das weitere Seelenleben des Kindes!

Wir verstehen die Mutterstimme als eine wesentliche Frühförderung für die emotionale Gesundheit eines frühgeborenen Kindes. Im folgenden Kapitel geben wir einige Anregungen, was Sie als Mutter mit Ihrer Stimme tun können, um Ihrem Kind zu helfen, die anfänglichen Verunsicherungen durch die zu frühe Geburt zu überwinden.

8 Praktische Vorschläge für die Station

Der Gedanke, frühgeborenen Kindern auf einer Neugeborenen–Intensivstation Musik vorzuspielen, ist über Medien, Elternverbände und persönliche Informationen inzwischen allgemein bekannt. Viele Eltern bringen ihren Kindern Spieluhren mit oder haben vielleicht für ihr Baby eine Kassette mit Musik aufgenommen, die sie selber lieben, oder auch eine eigene Stimmaufnahme gemacht.

Wir wollen ganz eindrücklich darauf hinweisen, dass wir über Musik sprechen, die für das einzelne Kind vorbereitet wurde und auch nur für dieses eine Kind im Inkubator abgespielt wird. Wir reden nicht über eine Musikbeschallung des ganzen Intensivraumes. Diese leider gängige Methode halten wir für ungut, wenn nicht sogar schädlich, weil sie viel zu laut für die Kinder ist und die Individualität des Babys nicht berücksichtigt. Sicherlich kann Musik in dieser Form für Pflegepersonal und Eltern stimmungsaufhellend wirken und ihnen die Arbeit und den Aufenthalt auf einer Intensivstation erleichtern, aber für die Kinder ist es eine zusätzliche Lärmbelästigung und addiert sich zu dem Lärm, unter dem sie sowieso schon zu leiden haben. Gerade in solch einer Extremsituation sind wir verpflichtet, ganz besonders darauf zu achten, was dem einzelnen Baby gut tut, und deshalb können wir Musik auch nur gezielt einsetzen.

Alles, was Sie als Eltern für Ihr Kind tun wollen, müssen Sie mit dem Personal der Station besprechen. Die Ärzte sind verantwortlich für das, was auf der Station geschieht. Die Schwestern und Pfleger sind diejenigen, die Ihr Kind am meisten betreuen und oft eine besondere Beziehung zu ihm aufgebaut haben. Deshalb ist es wichtig und notwendig, sich mit ihnen zu besprechen, sie um Rat zu fragen – oder auch ganz deutlich Ihre eigenen Bedürfnisse in Bezug auf Ihr Kind auszusprechen und eventuell durchzusetzen.

Wenn Sie Musik oder Ihre Stimmaufnahme abspielen wollen, müssen Sie wissen, in welcher Entwicklungsphase Ihr Kind sich gerade befindet und was die Grundbedingungen einer akustischen Stimulation sind. Für die früheste Lebenszeit gelten folgende Richtlinien:

- Das unreife Nervensystem frühgeborener Kinder ist leicht zu überlasten und zu erschöpfen: plötzliche, laute Punktgeräusche erschrecken Ihr Kind. Anzeichen für Überstimulation sind Schluckauf, zunehmende

Schläfrigkeit, Unruhe, Gähnen, Erbrechen und Vermeiden von Blickkontakt.
- Die beste Zeit für soziale Interaktion ist der stabile Zustand wacher Aufmerksamkeit Ihres Kindes.
- Besänftigende Stimuli sind non-nutrives Saugen (Schnuller), Halten, Sprechen, sanftes Schaukeln oder Kängurun.
- Wenn Sie mit Ihrem Kind kängurun und während dessen ein wenig „brummeln", ist der Hautkontakt für Ihr Baby noch intensiver. Ihr Brustkorb vibriert, wenn Sie Ihre Stimme benutzen, und Ihr Kind spürt die Schwingungen stärker.
- Wiederholte, unveränderte Stimulation beruhigt und dämpft den Erregungszustand des Kindes.
- Neugeborene reagieren auf auditive Stimuli relativ langsam, Sie sollten dem Kind deshalb genügend Zeit lassen.

Um die sensorischen, sozialen und motorischen Fähigkeiten Ihres Kindes zu unterstützen, sollte Musik mit anderen sensorischen Inputs kombiniert werden.

Sehr genau gibt Tabelle 2 auf Seite 80 die Befindlichkeit und das Entwicklungsstadium eines frühgeborenen Kindes wieder und was bei Stimulationen beachtet werden sollte (nach Standley 1988b, Nöcker-Ribaupierre 1995).

Neugeborene und hier besonders frühgeborene Babys erleben Geräusche und Musik auf eine ganz eigene Art und Weise. Da neugeborene Kinder weibliche Stimmen den männlichen vorziehen, sind die meisten klinischen Audio-Stimulationen Wiegenlieder von einer Frauenstimme gesungen, klassische Musik und „*womb sounds*" oder die gesprochene und gesungene Stimme der eigenen Mutter.

Im Folgenden sind die Standards für die Musik auf einer Intensivstation zusammengefasst, die sich in den vergangenen Jahren in Medizin und Therapie als allgemeingültig erwiesen haben. Sie sind unabhängig von persönlichen Vorlieben.

Auszuwählen sind:
- einfache Strukturen
- wenig betonte und ruhige Rhythmen
- fließende und lyrische Melodien
- Wiegen- und Kinderlieder
- einfache Harmonien
- sanfte Klangfarben gespielt mit weich klingenden Instrumenten wie Streichinstrumente, Gitarre oder Leier

Unbedingt zu vermeiden sind:
- plötzliche Veränderungen der Intensität und Dynamik
- Punktgeräusche
- plötzliche Tempoänderungen
- komplexe und massive Instrumentierung (Schlagzeug, Trompeten o. ä.)

Tabelle 2: Entwicklungsstadien bezogen auf Stimulation

Lebensalter	Entwicklungsstadien bezogen auf Stimulation
23– 24 Wochen	Dies ist die Phase des Überlebens und der Beruhigung (survival and pacification). In dieser Zeit sollte Ihr Baby möglichst wenig stimuliert werden, damit es genügend Schlaf und Ruhe bekommt. Es zeigt meist noch keine Reaktionen auf Musik.
25– 28 Wochen	In diesem Alter können Sie bei Ihrem Kind erste Reaktionen auf Ihre Stimme erkennen. Es entspannt sich oder seine Mimik verändert sich.
28– 30 Wochen	Jetzt entwickelt Ihr Kind die Fähigkeit zu Saugen, ein erstes eigenes rhythmisches Verhalten Ihres Kindes.
31– 33 Wochen	Aufgrund der fortschreitenden Reifung der Nervenzellen steigt die Toleranzgrenze für auditive Reize. Nun können Sie ihrem Baby Lieder vorsingen, es massieren oder mit ihm kängurun. Dies hilft der gesamten Entwicklung Ihres Babys und führt zu schnellerem Wachstum und früherer Entlassung aus dem Krankenhaus.
34 Wochen	Ihr Kind zeigt sichtbare Ansätze zur Kontaktaufnahme. Ihre Stimme unterstützt die soziale Interaktion; mit musikgesteuertem non-nutrivem Saugen lässt sich das Saugverhalten Ihres Kindes deutlich verbessern (dies ist gleichzeitig eine Prävention für später auftretende Fütterungsprobleme). Nun beginnt sich Ihr Kind auf einen Tag-Nacht- Rhythmus einzustellen (zirkadianer Rhythmus).
36 Wochen	Ab diesem Alter ist Ihr Kind organisch so weit entwickelt, dass es mit vorhersehbaren Antworten auf Reize reagiert. Ihr Baby zeigt nun deutlich, dass es nicht mehr mit der Stimme vom Tonband allein zufrieden ist, sondern nur in der Verbindung mit anderen taktilen Angeboten, wie streicheln, halten oder getragen werden.

Aber welche Musik ist denn nun gut für Ihr Baby? Da es mittlerweile auch für frühgeborene Kinder eine zunehmende Anzahl speziell für sie komponierter oder arrangierter Musik gibt, ist es nicht leicht, sich für „das Richtige" zu entscheiden. Es gibt klassische Musik, klassische Musikstücke „kindgerecht" arrangiert, Schlaf- und Wiegenlieder mit Streicher- oder Gitarrenbegleitung, Entspannungsmusik mit Gefäßgeräuschen, Herzschlag oder Naturstimmen, wie dem Rufen von Delphinen oder dem Rauschen von Wasser.

Wenn Sie als Eltern wollen, dass Ihrem Kind Musik vorgespielt wird, sollten Sie sich selber Gedanken machten, was Ihr Kind hören soll. Oft ist dies das einzige, was Sie in der schweren Anfangszeit für Ihr Baby tun können. Sie sollten sich erkundigen, ob es in der Klinik üblich ist, dass Kinder Musik hören. Dann könnten Sie gemeinsam mit Ihrer Familie und auch mit dem Pflegepersonal darüber nachdenken, welche Musik es sein soll. Vielleicht gibt es Musik, die dem Baby schon aus der vorgeburtlichen Zeit vertraut ist?

Sie können sich bei der Auswahl auch sehr gut daran orientieren, wie Sie normalerweise mit einem Baby sprechen würden, welche Kinder-, Schlaf- oder Wiegenlieder Sie ihm vorsingen würden, wenn es zu Hause wäre.

Diese Lieder sind übrigens in allen Kulturen ähnlich (Papoušek / Papoušek 1991):

- Es sind einfache Lieder, meist pentatonisch, d. h. ohne Halbtonschritte und in einem sehr begrenzten Tonraum,
- eher leise Lieder in einem gleichmäßigen Tempo, der an den ruhigen Herzschlag der Mutter erinnert,
- es sind Lieder mit einfachen Harmonien und vielen Wiederholungen,
- Lieder ohne plötzliche Veränderungen in Rhythmus, Melodie oder Lautstärke.

Als Eltern und als verantwortliche Pfleger oder Schwestern sollten Sie sehr genau hinhören und das Kind beobachten, wenn Sie ihm, neben Aufnahmen der vertrauten Stimmen von Mutter und Vater, auch Musik vorspielen. Denn jedes auch noch so kleine Kind hat seine eigenen Vorlieben und Abneigungen, die durch die Zeit im Mutterleib geprägt wurden.

Mit Spieluhren im Inkubator ist Vorsicht geboten. Sie sind meist zu laut, man kann ihre Lautstärke nicht regulieren, und deshalb klingen sie im Inkubator zu direkt. Das Baby kann sich dem nicht entziehen. Dazu eine Geschichte, die der Leiter einer der großen deutschen Neugeborenen-Intensivstationen immer wieder sehr beeindruckt erzählte:

> Ein ehemaliges sehr kleines frühgeborenes Mädchen besuchte mit seiner Mutter nach zwei Jahren die Station. Es herrschte große Freude bei

> den Schwestern. Eine Schwester holte gleich eine Spieluhr, die sie dem Mädchen, als es noch im Inkubator lag, immer wieder vorgespielt hatte. Als das kleine Mädchen die ersten Töne vernahm, flüchtete es sich sofort weinend unter den Rock seiner Mutter. Der Arzt untersagte daraufhin den Gebrauch von Spieluhren auf seiner Station.

Wenn Sie unbedingt wollen, dass Ihr Kind eine Spieluhr hören soll, vielleicht weil es Ihre Lieblingsmusik als Kind war oder weil ein älteres Geschwisterkind sie mitbringt, dann sollten Sie die Uhr auf jeden Fall sorgfältig prüfen. Sie muss sauber klingen, es dürfen keine falschen Töne zu hören sein, und das Klangwerk muss gut gepolstert sein, damit es nicht schrill klingt. Zusätzlich sollte die Spieluhr nur eingewickelt in eine Windel o. ä. an das Fußende des Inkubators gelegt werden, weit weg von den Ohren ihres Babys. Wenn Sie dies für übertrieben halten, machen Sie von der laufenden Spieluhr eine Tonaufnahme im Inkubator. Sie werden erschrecken, wie laut und aufdringlich sie im Inkubator klingt.

Bitte benutzen Sie keine Kopfhörer, die Sprache oder Musik direkt in das Ohr Ihres Babys übertragen. Dies wird leicht unterschätzt. Die Lautstärke ist schwer zu steuern, deshalb ist dies schädlich für Ihr Kind (Graven 2000).

Gut geeignet ist ein kleiner Lautsprecher, der nicht zu viel Platz im Inkubator weg nimmt und die Schwestern nicht bei ihrer Arbeit behindert, aber groß genug ist, um eine optimale Klangübertragung zu gewährleisten. Wenn Sie die Lautstärke selber einstellen, benutzen Sie anfangs bitte einen Dezibel-Messer. Die eingespielten Klänge sollten leise über dem Inkubatorgrundgeräusch zu hören sein. Später, wenn Sie damit genügend Erfahrung haben, genügt zur Einstellung Ihr Ohr.

Hier sind die Richtlinien zum Gebrauch von Musik noch einmal zusammengefasst:

- Die Musik muss sorgfältig ausgesucht und zusammengestellt werden, nicht nur nach eigenen Vorlieben, sondern nach den vorgegebenen Kriterien.
- Die Tonwiedergabe sollte technisch einwandfrei sein.
- Der Lautsprecher soll etwa 20 cm vom Ohr des Babys entfernt stehen.
- Die Musik sollte nicht mehr als 5 mal täglich – 30 Minuten lang – laufen.
- Die Lautstärke soll so eingestellt werden, dass sie über dem Inkubatorgrundgeräusch zu hören ist,
- Tag- und Nachtzeiten sind unbedingt zu beachten.
- Wenn medizinische oder pflegerische Maßnahmen durchgeführt werden, bitte keine Musik anstellen, damit das Baby nicht einen Zusammenhang zwischen Störung / Schmerz und Mutterstimme / Musik herstellt.

- Gut ist es, die Musik oder die Stimme anzustellen, wenn das Baby ruhig und bereit dafür ist, z. B. nach den Mahlzeiten oder wenn Sie Ihr Kind verlassen, damit noch etwas von Ihnen bei ihm bleibt.
- Die Aufnahme ersetzt nicht den menschlichen Kontakt und sollte deshalb abgestellt werden, wenn Sie selbst bei Ihrem Kind sind.

9 Praktische Vorschläge für zu Hause

Wenn das Baby entlassen wird, sind Sie als Eltern selber für die Pflege und das Wohlergehen Ihres Kindes verantwortlich. Obwohl Sie den Augenblick lange herbei gesehnt haben, bringt er auch Unsicherheiten und Ängste mit sich. Es ist ein großer Unterschied, ob Sie täglich mehrere Stunden in die Klinik zu Ihrem wohl versorgten Kind kommen und Sie es ebenso wohl versorgt in seinem Bettchen wissen, wenn Sie nach Hause gehen oder ob Sie rund um die Uhr die volle Verantwortung für Ihr Kind haben, das vielleicht auch noch einige gesundheitliche Probleme hat.

Frühgeborene Kinder verhalten sich anders als am Termin geborene Kinder. Sie reagieren langsamer auf externe Stimuli, sind leichter irritierbar und schwerer zu beruhigen. Besonders beatmete Kinder wirken schwach, eher passiv und weniger responsiv. Es scheint, als hätten die Kinder ein anderes Zeitgefühl. So kann es sein, dass Sie mitunter nicht wissen, wie Sie Ihr Baby beruhigen oder stimulieren können und dadurch selbst verunsichert werden oder in Stress geraten.

Wichtig ist, dass Sie versuchen, die Signale Ihres Kindes zu verstehen. Wenn dies schwierig ist, lassen Sie sich dabei helfen. Das ist keine Schande, sondern kommt Ihnen und Ihrem Kind zu Gute. Wenn Sie die Individualität Ihres Kindes sehen und akzeptieren und seine Ausdrucksweise verstehen lernen, können Sie adäquat darauf reagieren. Das schenkt Ihnen Sicherheit und das Gefühl, selbst in schwierigen Situationen handlungsfähig zu sein.

In den USA gibt es hierfür extra ein Programm, das *„Erlernen elterlicher Fähigkeiten"*, welches fast flächendeckend angeboten wird. Man hat dort die Erfahrung gemacht, dass effektive elterliche Fähigkeiten den Stress eines irritablen und unzufriedenen Kindes reduzieren, den Bindungsprozess unterstützen und bei den Eltern das Gefühl von Verantwortung für ihr Kind erhöhen. Dies sind die besten Voraussetzungen für kleine Frühgeborene, damit sie sich langzeitprognostisch normal entwickeln.

In Deutschland gibt es solche Programme nicht, die professionelle Unterstützung ist eher unsystematisch und auf das jeweilige Kind bezogen. Weil sie aber sehr individuell angelegt ist und schon auf der Station beginnt, ist auch dies ein guter Ausgangspunkt, um sich später weiterführende Hilfe suchen zu können. In den großen neonatologischen Versorgungszentren gibt es eine Nachsorge, die Ihnen besonders angeboten wird.

Dort können Sie die Menschen um Rat fragen, wenn Sie nicht weiter wissen. Oder Sie können sich auch Adressen von ambulanten Pflegekräften geben lassen, die Sie zu Hause unterstützen.

In den letzten Jahren ist viel auf dem Gebiet Musik und frühkindliche Entwicklung geforscht worden. Diese Forschungen betonen nachhaltig den Wert musikalischer Spiellieder und Reime im kindlichen Alltag.

Die nachfolgende Auflistung soll Ihnen helfen, Musik schnell und effektiv bei Ihrem Kind einzusetzen.

Stadien der musikalischen Entwicklung des Babys (Briggs 1991)

- 3–6 Monate alte Babys sind in der Lage, einen gleichen Ton zu einem gesungenen Ton zu vokalisieren.
- 6 Monate alte Babys können veränderte Melodien unterscheiden.
- 7 Monate alte Babys singen Intervalle, die vorwiegend aus fallenden Sekunden und Terzen bestehen, sogar Oktaven wurden manchmal notiert.
- 11 Monate alte Kinder versuchen Standardlieder ohne Worte nachzusingen.
- 19 Monate alte Kinder haben einen Umfang von 3 Oktaven und
- 30 Monate alte Kinder singen spontan Lieder in der Tonart.

- Sprache besteht aus Rhythmen.
- Das Erlernen der Sprachrhythmen beginnt unmittelbar nach der Geburt.
- Vier Tage alte Neugeborene erinnern sich an bestimmte deutliche Aspekte der Sprache: Sie können zwischen gerade gehörten und neuen Wörtern unterscheiden.

- Die Bewegungen Neugeborener sind mit der Sprache Erwachsener synchron.
- Bewegung, Sprache und Musik sind eng miteinander verwoben. Sie brauchen nur daran zu denken, dass ein kleines Kind beim Hören von Musik ganz von selbst zu tanzen beginnt und oft dazu Lallgesänge von sich gibt.
- Kinderreime, Finger- und Bewegungsspiele unterstützen die Sprachentwicklung und sind bei allen Kindern sehr beliebt.

- Neugeborene reagieren auf Klänge innerhalb von 2 bis 2,5 Sekunden.
- Sie brauchen weitere 2,5 bis 3 Sekunden, um den Kopf in die Richtung der Schallquelle zu drehen.

- Mit einem Jahr brauchen sie noch 5 Sekunden, um den Kopf ganz in die Richtung der Schallquelle zu drehen.
- Fazit: Geben Sie Ihrem Baby immer genügend Zeit, weil es langsamer reagiert.

Singen Sie viel mit Ihrem Baby, dabei kommt es nicht darauf an, dass Sie „richtig" singen, sondern darauf, dass Sie überhaupt singen und mit Ihrer Aufmerksamkeit ganz bei Ihrem Kind sind.

- Vermeiden Sie plötzliche und laute Geräusche, denn ein frühgeborenes Kind ist besonders schreckhaft.
- Normal hörende Kinder erschrecken bei 90 dB.
- Kritisch ist außerdem, wenn Sie die Musik immer wieder an- und ausschalten. Denken Sie deshalb daran, die Musik immer leise zu beginnen, dann langsam zu steigern und zum Ende hin wieder leiser werden zu lassen, bis Sie die Musik ausschalten.

Spielen Sie möglichst ruhige Musik, bei der Sie sich auch wohl fühlen, das entspannt gleichzeitig Ihr Baby.

Sie können Musik, Klänge und Geräusche nutzen, um erste Übergangssituationen zu bewältigen. Wenn Ihr Baby nicht gern allein bleibt und Sie nur schwer aus dem Zimmer gehen können, sprechen oder singen Sie, auch wenn Sie nicht mehr im Kinderzimmer sind. So kann ihr Kind Sie weiterhin hören. Ihre Stimme schafft Verbindung zu ihm, und es kann das erste Alleinsein besser bewältigen.

Für ein frühgeborenes Kind ist dieser Schritt gar nicht so einfach, weil es während seines Klinikaufenthaltes ständig von Geräuschen und Menschen umgeben war. Stille kann deshalb erst einmal auch beängstigend für Ihr Kind sein. Das äußert es durch Schreien. Wenn Sie nicht singen oder reden möchten, können Sie beim Verlassen des Zimmers als „Ersatz" eine Spieluhr anstellen. Allerdings ist Ihre Stimme auch in dieser Situation die allerbeste Musik, weil Sie durch Ihre Stimme mit Ihrer ganzen Person anwesend sind, auch wenn Ihr Baby Sie nur hören kann und nicht sieht.

Wenn Ihr Kind sich zu Hause schon mehr eingelebt hat und etwas älter ist, können Sie in unmittelbarer Nähe seines Bettchens Rasseln, Glöckchen oder auch eine Spieluhr anbringen, mit denen Ihr Kind dann selber spielen kann. Die Klänge überbrücken das Alleinsein, in Ihrer Abwesenheit ist noch etwas da, was hörbar ist. Die Stimulation kommt dann nicht mehr von Ihnen, sondern von den Klängen, die das Kind schon selber produzieren kann. „Die musikalischen Reize, auch die elementarsten Musikinstrumente füllen soziale Leere, sie lenken ab. Sie leiten hinüber in die Gewöhnung an das Alleinsein, was ja ein wesentlicher Erfahrungs- und Lernprozess für das Kind ist." (Decker-Voigt 1999)

Babys zeigen eine große Vorliebe und Ausdauer für Bewegungs-Lieder. Immer wieder und wieder wollen sie „Hoppe-hoppe-Reiter" spielen. Aber ganz plötzlich, als ob man einen Schalter umgelegt hätte, kann die Situation kippen. Das Kind beginnt zu weinen, wendet das Köpfchen weg oder zeigt Anzeichen von Müdigkeit. Damit lehnt Ihr Kind Sie nicht ab, es ist nur durch die Klänge und die Musik schneller erschöpft. Ein Baby kann sich nicht so lange konzentrieren und ist nicht so belastbar wie ein erwachsener Mensch. Decker-Voigt verweist darauf: „Welche Musikspiele wir auch immer mit Kindern machen – Musik ist eine Zeitkunst und braucht also Zeit." (1999) Bei allem, was Sie mit Ihrem Kind tun, – ob Sie mit ihm spielen, ihm etwas vorsingen oder erzählen – sollten Sie sich Ruhe und Zeit nehmen und innerlich ganz bei Ihrem Kind sein. Das tut Ihnen und Ihrem Kind gut. Schon das jüngste und kleinste Baby spürt, ob wir mit unserer Aufmerksamkeit wirklich bei ihm oder im Kopf mit anderen Dingen beschäftigt sind. „Nichts ist so ernst zu nehmen wie das Spiel mit dem Kind. Der Umgang mit Musik und ihren Bausteinen Rhythmus, Dynamik, Klang und Melodie ist wesentlicher Bestandteil der Sprache." (Decker-Voigt 1999)

Musiktherapie – eine Hilfe bei Störungen in der Beziehungsgestaltung

Manches zu früh geborene Kind zeigt daheim Eingewöhnungs-Probleme, die Sie allein und ohne professionelle Hilfe nicht bewältigen können. Häufig handelt es sich um Schrei-, Schlaf- oder Fütterstörungen (Sarimski 2000). Für Sie kann das sehr belastend sein und die Beziehung zwischen Ihnen und Ihrem Baby empfindlich stören. Selbst die ausgeglichenste Mutter ist irgendwann mit der Geduld am Ende, wenn ihr Baby immer schreit oder nicht trinken will. Wenn Sie nicht mehr zur Ruhe kommen und spüren, dass Sie wiederholt wütend oder ungerecht auf Ihr Kind reagieren, sollten Sie sich therapeutische Hilfe holen.

Zunächst müssen Sie abklären, ob eventuell organische Störungen vorliegen. Wenn das nicht der Fall ist, raten wir Ihnen, sich helfen zu lassen, bevor Sie selber am Ende Ihrer Kräfte sind – je früher desto besser! Sie sind deshalb keine schlechteren oder unfähigeren Eltern. Aber Sie haben alle – Mutter, Vater und Kind – eine schwere Anfangszeit hinter sich, die Ihre körperlichen und seelischen Kräfte strapaziert hat, so dass Ihre Reserven schneller aufgebraucht sind.

Ein derart kleines Kind ist noch nicht in der Lage, seine Befindlichkeiten (die Säuglingsforschung spricht von *„states"*) selbst zu regulieren. Es ist deshalb dringend auf die Regulationsfähigkeit von Ihnen als Bezugsperson angewiesen. Alle neugeborenen Kinder brauchen einen Menschen, der ihre Signale erfühlen und verstehen kann und in der Lage ist, emotional adäquat darauf zu reagieren. Ein Kind muss das Gefühl erfahren, „ich werde verstanden, so wie ich mich gerade fühle". Nur auf dieser Grundlage entwickelt sich eine gesunde und sichere Mutter-Kind-Beziehung, bei der Sie sich beide wohl und entspannt fühlen. Sie schaffen hiermit auch die Voraussetzung dafür, dass Ihr Kind später vertrauensvoll auf Menschen zugehen und Bindungen mit ihnen eingehen kann. Gerade ein zu früh geborenes Kind muss von den Eltern Vertrauen, Sicherheit und Verlässlichkeit erfahren, damit es in seinem späteren Leben beziehungs- und bindungsfähig wird.

Musik eignet sich hervorragend, um Beziehungen und Kommunikation herzustellen. Musik macht Spaß, ist spielerisch, leistungsfern und spricht die Gefühle Ihres Kindes an. Wenn es Probleme zwischen Ihnen und Ihrem Kind gibt, kann ein Musiktherapeut mit Instrumenten oder seiner Stimme die „Vermittlerposition" zwischen Ihnen und Ihrem Baby einnehmen. Mit Hilfe des musikalischen Spiels können Sie beide eine gemeinsame Sprache finden, mit der Sie ohne Worte Ihre Gefühle – Ihre Liebe und Zuneigung – auch in spannungsreichen Zeiten ausdrücken können.

Auf diese Weise unterstützt der Musiktherapeut Eltern und Kinder, damit sie eine andere Qualität des Miteinanders erleben können.

Zusammenfassung

Wir haben mit diesem Buch versucht, Ihnen als Eltern und allen, die mit einem frühgeborenen Kind zu tun haben, einen Überblick darüber zu geben, wie Sie mit Musik die Entwicklung des Kindes unterstützen können. Wir haben die Auditive Stimulation mit Mutterstimme als eine Methode dargestellt, die die unterbrochene Beziehung zwischen der Mutter und ihrem Baby wiederherstellt. Wir hoffen, den Bereich klar herausgearbeitet zu haben, den Sie als Eltern, Pflegepersonal oder Ärzte selbst übernehmen können und im Unterschied dazu denjenigen, bei dem Sie therapeutische Hilfe benötigen.

Musikalische und musiktherapeutische Interventionen mindern den fetalen Stress und unterstützen die Entwicklung einer gesunden Beziehung zwischen Mutter und Kind. Sie stellen somit eine frühe Präventionsmaßnahme für seelische und soziale Probleme dar.

Nach der Geburt eines noch unreifen Kindes kann Musik den ungesunden Geräuschpegel im Inkubator maskieren und dem Frühgeborenen helfen, sein inneres Gleichgewicht zu finden.

Musik ist ein einzigartiger Stimulus, der beides kann: anregen und beruhigen.

Musik dient der Förderung der Mutter-Kind-Bindung und der sozialen Entwicklung – und damit der Zukunft Ihres Kindes.

Anhang

Warum Selbsthilfegruppen?

Die Selbsthilfebewegung reicht bis in die 1930er Jahre zurück. Sie ist primär aus der Kritik am bestehenden Gesundheitssystem entstanden, aus der Kritik an der psychiatrischen und psychosozialen Versorgung, an den als unzureichend erlebten Hilfestellungen für ständig zunehmende Problemsituationen. Auch heute, nach Jahrzehnten der Bewährung, gibt es noch entschiedene Ablehnung der Selbsthilfegruppen durch Experten, aber ebenso Befürworter, die meinen, eine ideale Gesellschaft durch Hilfe zur Selbsthilfe herstellen zu können.

Man unterscheidet dabei „innere" und „äußere" Selbsthilfe:

Innere Selbsthilfe bedeutet vor allem die soziale und psychologische Hilfe für den Alltag. Sie bietet Hilfen bei der Bewältigung von Problemen, die sich aus der jeweiligen Krankheit ergeben, und unterstützt Betroffene wie Angehörige. Hierbei sind Gesprächsgruppen die adäquate Form der Hilfe.

Die *äußere Selbsthilfe* ist aktionsorientiert. Hier wird der Schwerpunkt auf die Öffentlichkeitsarbeit gelegt: sie nimmt Einfluss auf die medizinische Versorgung, auf politische Entscheidungen und informiert über entsprechende Probleme. Diese Selbsthilfegruppen arbeiten bürokratisiert, sie haben organisierte Mitglieder und ehrenamtliche Verantwortliche.

In den Gruppen der Frühgeborenen sind die Ziele der inneren und äußeren Selbsthilfe integriert: es heißt nicht „reden" oder „handeln", sondern „reden, um handeln zu können".

Zunächst sind nicht die Kinder, sondern ihre Eltern als die eigentlich Betroffenen anzusehen. Ärzte und Schwestern müssen als Experten nicht erst hinzugezogen werden, sondern sie sind schon integraler und handelnder Bestandteil des Ganzen.

Eine Besonderheit dieser Gruppen liegt darin, dass es sich bei Frühgeburten um ein vorübergehendes Problem handelt. Es beeinträchtigt die Betroffenen „nur" ein paar Wochen oder Monate und nicht über eine längere Strecke ihres Lebens, wie etwa bei krebskranken Menschen oder bei den Anonymen Alkoholikern. Das bedeutet folgerichtig, dass die „frühgeborenen Eltern" meistens nur eine kurze Zeit an einer Selbsthilfegruppe teilnehmen.

Für diese Eltern ist die hoch technisierte Anfangszeit mit großen Schwierigkeiten und Belastungen verbunden. Der Kontakt zu ihrem Kind ist in den meisten Fällen durch die medizinischen Geräte und Apparaturen erheblich eingeschränkt. Erschwerend kommt für die Eltern hinzu, dass sie oft einen weiten Anfahrtsweg zur Klinik oder keine ausreichende Betreuung für Geschwisterkinder haben. Ihre Möglichkeiten, das Kind zu besuchen, sind deshalb begrenzt. Die Eltern tun sich schwer, allem gerecht zu werden.

Noch vor 20 Jahren waren Eltern auf Intensivstationen eine Seltenheit. Wenn man sie überhaupt zuließ, waren sie allenfalls geduldete Randfiguren, die nur zu bestimmten kurzen Zeiten ihre Kinder besuchen oder nur durch eine Scheibe sehen durften. Im Laufe der Jahre hat sich im Hinblick auf die Rolle der Eltern vieles verändert. Die Beobachtungen und Untersuchungen von Klaus und Kennell (1987) über die Bedeutung eines Frühkontaktes für die Mutter-Kind-Bindung hatten entscheidenden Einfluss auf die Öffnung der Intensivstationen für die Eltern.

In den 1980er Jahren wurde eine Reihe von Arbeiten veröffentlicht, die bei ehemaligen frühgeborenen Kindern im Gegensatz zu termingeborenen Kindern signifikant häufigere Gedeihstörungen, Krankenhausaufenthalte, Misshandlungen und Adoptionen fanden.

In den vielen neonatologischen Zentren in den USA und Kanada sind gegen Ende der 70er Jahre vorwiegend auf Initiative betroffener Eltern sog. „support-groups" entstanden. Diese Selbsthilfegruppen werden dort inzwischen durch überregionale Organisationen, wie „Parents of Prematures" in Seattle oder „Parent Care Inc." in Salt Lake City, gefördert. Minde konnte 1984 in einer prospektiven Studie positive Auswirkungen auf die Eltern-Kind-Beziehung und eine Steigerung der Elternkompetenz bei den Gruppenteilnehmern nachweisen.

Bei uns in Deutschland sind in vielen medizinischen Bereichen Elterngruppen nach diesem Selbsthilfemodell entstanden. Bei Eltern frühgeborener Kinder sind entsprechende Aktivitäten eher selten. Die ersten Elterngruppen entstanden auf Inititiative von Ärzten und Psychologen, wie Dr. Kluitmann aus Neuss, Dr. Neubauer aus Hannover und dem Psychoanalytiker Ernest Freud aus Bergisch-Gladbach. Seit 1985 gibt es in Hannover eine regelmäßig stattfindende Elterngruppe unter ärztlicher Leitung, zunächst als Pilotprojekt, jetzt als integrierter Bestandteil der Versorgung. Auch die Gruppe in Neuss, die seit 1986 besteht, hat einen professionellen Leiter.

Doch warum gehen diese Initiativen so sehr von den Professionellen aus, warum engagieren sich neben den Eltern vor allem die Fachleute?

Wenn Eltern frühgeborener Kinder an einer Gruppe teilnehmen, so kommen sie zunächst deshalb, weil sie Rat und Hilfe suchen, und erst später, um auch anderen Eltern mit ihren Erfahrungen zu helfen. Gelegentlich gibt es Eltern, die aufgrund eigener schwieriger und unangenehmer Erlebnisse motiviert sind, etwas im stationären Ablauf zu verändern. Sie möchten künftige Eltern vor ähnlichen Erfahrungen bewahren.

Bei den Professionellen, den Ärzten, Schwestern, Psychologen, Sozialpädagogen, die sich um solche Gruppen kümmern, ist die Motivation sicher eine andere. Sie möchten Hilfe anbieten, informieren, die Eltern mehr mit einbeziehen und sie stärken, damit sie mit dieser belastenden Situation besser zurecht kommen. Sie nutzen diese Gelegenheit, außerhalb des Stationsalltags die Sichtweise der Eltern kennen zu lernen und sich mit ihnen zusammen Gedanken über sinnvolle Unterstützung und Veränderungen zu machen.

Es gibt sicher noch andere Gründe für alle Beteiligten, an einer solchen

Gruppe teilzunehmen. Doch ein wesentlicher Beweggrund aller ist der Wunsch, etwas für sich und gleichzeitig für die anderen zu tun.

Seit 1985 sind in Deutschland aufgrund der Initiative betroffener Eltern und Professioneller an vielen Kliniken wie auch außerhalb Selbsthilfegruppen, Elterninitiativen oder Fördervereine entstanden. Alle Gruppen arbeiten seit Jahren engagiert und erfolgreich daran, die Versorgung im stationären Bereich einzelner Kliniken zu verbessern, Hilfen für die erste Zeit zuhause anzubieten und die Familien in schwierigen sozialen Verhältnissen zu unterstützen; sie regen die Verbesserung der Nachsorge und rechtzeitige Eltern-Kind-Kuren an. Und sie informieren die Öffentlichkeit über die Probleme von frühgeborenen Kindern und deren Familien.

Durch die intensive Zusammenarbeit verschiedener Berufsgruppen und Betroffener wird gewährleistet, dass die Situation Frühgeborener und deren Familien aus verschiedenen Perspektiven beleuchtet wird und umfassende Ansätze zur Verbesserung der Versorgung entwickelt werden können. Dies geschieht durch Informationsangebote, Öffentlichkeitsarbeit, überregionale Treffen und Erarbeiten neuer gemeinsamer Ziele, vor allem der Nachsorge.

Die Erfahrungen der bisherigen Arbeit des Bundesverbandes „Das frühgeborene Kind e. V." machen deutlich, dass immer mehr chronisch kranke und Hochrisiko-Kinder ohne ausreichende Nachsorgemaßnahmen entlassen werden. Die Familien sind den damit verbundenen Pflegeanforderungen und psychosozialen Belastungen nicht genügend gewachsen. Durch die Entwicklung der medizinischen Hilfsmittel wird es auch möglich, schwer kranke Kinder zu Hause zu betreuen. Eltern wollen gerne ihre Kinder zu Hause versorgen, weil sie den familiären Belastungen entgegenwirken möchten, die mit den langen Monaten im Krankenhaus verbunden sind. Doch mangelnde oder gar fehlende Beratung und fachliche Unterstützung lösen bei ihnen häufig soviel Unsicherheit und hemmende Ängste aus, dass sie doch lieber einer erneuten Krankenhaus-Einweisung zustimmen.

Die notwendige medizinische und psychosoziale Betreuung und Nachsorge bei diesen chronisch kranken Patienten können mit dem derzeitig üblichen Betreuungsangebot nicht bewältigt werden.

Deshalb bemüht sich der Bundesverband um eine Verbesserung der ambulanten Nachbetreuung für diese Kinder. Er engagiert sich für die Entwicklung von Konzepten, die an die veränderten Behandlungsformen der Kinderkliniken angepasst sind. Ihr Ziel ist die Vernetzung zwischen Klinik und anderen an der Versorgung der Kinder beteiligten Institutionen. Ein Beispiel hierfür ist das Nachsorgekonzept des „Bunten Kreises" an der Kinderklinik Augsburg (Porz 2003).

Man weiß mittlerweile aus vielen gut evaluierten Nachbeobachtungs-Studien, dass eine enge individuelle Nachsorge sowohl den Klinikaufenthalt verkürzt als auch zur Prävention von Folgeschäden beiträgt.

Die Selbsthilfegruppen für diese Klientel leben von dem ungeheuer engagierten freiwilligen Einsatz einiger weniger Menschen. Ärzte, Schwestern, Therapeuten und ehemals betroffene Eltern engagieren sich in ihrer Freizeit und an Wochenenden viele Stunden vor Ort oder nehmen weite Reisen auf sich, um den hilfsbedürftigen Familien zur Seite zu stehen. Wir erleben andererseits in den regionalen Gruppen die geringe Resonanz der Eltern.

Nur wenige kommen zu den angebotenen Gruppenabenden. Kommen ist mit Mühe verbunden, mit der Bereitschaft, sich auf andere Menschen einzustellen. Das lässt sich oft nur schwer mit den persönlichen und häuslichen Belastungen oder auch mit eigenen Wünschen verbinden.

Während der Zeit auf der Station bevorzugen die Eltern Einzelgespräche, weil sich hier der Therapeut individuell auf dieses Elternpaar einstellen kann. In therapeutischen Gesprächen ist die Rollenverteilung klar definiert; während es in der Selbsthilfegruppe – beim Eltergesprächskreis, dem Elterncafé, wie wir auch immer eine solche Zusammenkunft nennen – diese Unterscheidung nicht gibt. Wichtigste Motivation dieser Gruppen ist: „Reden, um handeln zu können".

Die Frühgeborenen-Selbsthilfegruppen werden fähiger und kompetenter, wenn sie die Praktiken und Entwicklungen der Medizin und Pflege nutzen und in ihre Arbeit mit einbeziehen. Ebenso ist das Fachwissen von Ärzten und Pflegekräften wirkungsvoller einzusetzen, wenn sie die Beobachtungen, Wünsche und Bedürfnisse der Eltern berücksichtigen. Damit kommt es zur wechselseitigen Aktivierung und Ergänzung, denn der Fortschritt der Medizin impliziert Probleme, die mit dem Fortschritt wachsen. Einfache und überschaubare Behandlungsmethoden werden technisch immer komplizierter und unüberschaubarer – das macht Experten notwendig. Damit wird aber gleichzeitig der Raum für persönliche Hilfe und Zuwendung enger – das macht die Hilfe durch andere Betroffene notwendig.

Selbsthilfegruppen verbessern die Lebensqualität frühgeborener und kranker neugeborener Kinder und ihrer Eltern.

Wenn es an Ihrem Wohnort keine Elterngruppe gibt, bekommen Sie ausführliche Informationen, Faltblätter und Broschüren zu medizinischen, psychologischen, sozialen, finanziellen Fragen, die mit Frühgeburt zusammen hängen, unter folgender Adresse:

Frühgeborenen-Informationszentrum (FIZ)
des Bundesverbands „Das frühgeborene Kind e.V."
Kurhessenstr. 5
60431 Frankfurt
Email: fiz@fruehgeborene.de
Internet: http://fiz.fruehgeborene.de

Reportage: „Mamas Stimme macht stark"

Das schafft nicht mal Mozart: Wenn Mütter ihren frühgeborenen Babys per CD Mut zusprechen, wachsen die Kleinen schneller. Auch die Frauen schöpfen neue Kraft und Hoffnung.

Immer wenn Susanne Hillmer (36) sich abends von ihrer frühgeborenen Tochter verabschiedet, startet sie die von ihr besprochene CD. ‚*Das hat mich genauso beruhigt wie Philine. Ich fuhr mit dem Gefühl nach Hause: Ein bisschen von mir ist noch bei ihr.*'

19 Wochen bedeutet die Stimme der Mutter für die kleine Philine Liebe, Halt und Kraft zum Wachsen. So lange nämlich muss sie im Zentralkrankenhaus St.Jürgen-Str. in Bremen bleiben. Dort haben die Ärzte sie, 630 Gramm leicht, zu Beginn der 27. Schwangerschaftswoche per Kaiserschnitt geholt. Das für Mutter und Kind gefährliche HELLP-Syndrom (eine Verwandte der Gestose), das Susanne Hillmer aus heiterem Himmel überraschte, ließ keine andere Wahl. Am Morgen hatte die Lehrerin noch unterrichtet; abends um 22.30 Uhr war ihr Kind geboren.

Während sie selbst sich in der Frauenklinik langsam von der Operation erholt, wird Philine zwei Stockwerke tiefer in der Neugeborenen-Intensivstation künstlich beatmet und ernährt. Das erste Foto des verkabelten Winzlings, das ihr Mann ihr mitbringt, lässt Susanne Hillmer seltsam unberührt. ‚*Ich konnte mich gefühlsmäßig kaum auf das Kind einlassen. Dazu ging es mir selbst noch viel zu schlecht.*'

Nach drei Tagen darf sie Philine zum ersten Mal im Rollstuhl besuchen. Auch jetzt spürt die Mutter weder überschwängliche Freude noch den bodenlosen Schrecken, den der Anblick dieser Hand voll Leben vielen Eltern von Frühgeborenen einjagt. ‚*Es war ein Gemisch aus Distanz, Traurigkeit und Ungläubigkeit. Ich fragte mich, was die nächste Zeit wohl bringen würde. Und es fiel mir immer schwer, die Verbindung zu knüpfen: Das ist mein Kind.*'

Erst zwei, drei Tage später ‚*lichtete der Nebel in meinem Kopf sich langsam*'. Da haben die Ärzte ihr schon eine gute Prognose für ihre Tochter gegeben; das Baby sei außer Lebensgefahr, eine Nottaufe nicht nötig. Überraschend schnell hat Philine selbstständig zu atmen begonnen. Ihre Mutter hat mit Marie-Luise Zimmer, der Musiktherapeutin der Klinik, eine 20-minütige Mini-CD für das Baby aufgenommen.

Das Konzept, nach dem Marie-Luise Zimmer arbeitet, stammt von ihrer Kollegin Monika Nöcker-Ribaupierre aus München. Vor ihr hatten schon andere Therapeuten Frühchen in ihren Brutkästen beschallt. Die einen wählten dazu Werke von Mozart oder Vivaldi, andere eine eigens komponierte „Beruhigungsmusik". Oder sie erzeugten eine Klangwelt, wie Ungeborene sie aus dem Bauch der Mutter kennen, mit einem pochenden Herzen und mit Darmgeräuschen. Die Erfolge gaben den Therapeuten Recht: Die Frühchen wurden viel ruhiger, bekamen mehr Sauerstoff und entwickelten sich besser.

‚*Diese Ansätze zielten aber nur auf die Verbesserung der körperlichen Verfassung*', erklärt Monika Nöcker-Ribaupierre. Sie selbst will mehr. Die Kinder sollen vom Band nicht fremde Geräusche, sondern die Stimmen ihrer

Mütter hören – eine Chance, nach der verfrühten Geburt eine neue Verbindung zu knüpfen. Und den Frauen soll die Aufnahme zeigen: „*Ich kann etwas für mein Kind tun, was niemand sonst kann*'. Das ist ein Rezept gegen den lähmenden Eindruck, als Mutter überflüssig, nur von Ärzten oder gar Maschinen abhängig zu sein. Der beste Beweis für die erhoffte Wirkung: Frauen, die ihre frühgeborenen Babys so „auditiv stimulieren", können später viel häufiger stillen.

Schon die Vorbereitung auf die Aufnahme der CD erleben die meisten Mütter als Entlastung. Marie-Luise Zimmer: „*Viele erzählen mir dabei ihre ganze Geburts-Geschichte.*' Was die Frauen danach aufs Band sprechen, überlässt die Therapeutin ihnen. „*Das ist so intim, das geht mich nichts an.*' Sie greift nur ein, wenn die Schwestern verstörte Reaktionen des Babys beobachten. „*Oft zeigt sich dann, dass die Mutter bei der Aufnahme geweint hat.*'

Susanne Hillmer erzählt ihrer Tochter, wo sie ist, warum sie die Mama nur per CD hört und wie es wohl weitergehen wird Außerdem liest sie ihr das Märchen von den „Wurzelkindern" und ein Kapitel aus dem „Kleinen Prinzen" vor. Philines Antwort kommt prompt: Gleich beim ersten Hören zuckt sie mit den Lidern und versucht sichtlich den Kopf zu dem Mini-Lautsprecher an ihrem Inkubator zu drehen. „*Das Wissen, dass sie so positiv auf meine Stimme reagiert, hat mich in den folgenden Wochen sehr beruhigt*', erzählt Susanne Hillmer.

Nach 16 Tagen darf sie selbst aus der Klinik nach Hause. „*Sie können nicht rund um die Uhr bei Ihrer Tochter bleiben. Sie müssen zwischendurch Kraft tanken*', haben die Schwestern ihr gesagt. Also bleibt Susanne Hillmer tagsüber bei Philine, die sie schon wenige Tage später aus dem Brutkasten nehmen und zum „Kängurun" auf ihre Brust legen darf. Abends fährt sie nach Hause, erschöpft vom Streicheln, Erzählen und Vorsingen, aber in der tröstlichen Gewissheit, dass die Schwestern Philine notfalls Geborgenheit durch Mamas Stimme zuspielen können. Susanne Hillmer hat Glück: Ihre Tochter macht stetig Fortschritte. Rückfälle, die Eltern anderer Frühchen zwischen Angst und Hoffnung aufreiben, bleiben ihr erspart. Bei ihrer Entlassung wiegt Philine 3100 Gramm, ein Kind, dem die staunende Kinderärztin ‚das Urvertrauen direkt ansieht' – obwohl das Leben es zuerst so früh aus aller Geborgenheit gerissen hat.

Mamas Stimme wird für Frühgeborene umso wichtiger, je schwerer den Eltern die ständige Anwesenheit am Bettchen fällt. Und das, weiß Marie-Luise Zimmer, ist keineswegs selten; mal sind die Mütter selbst zu krank, mal wohnen sie weit weg vom Krankenhaus oder müssen noch andere Kinder versorgen. ‚*Die Mutter vom Band kann die Mutter live nicht ersetzen*', betont die Musiktherapeutin. ‚*Sie ist nur eine Krücke. Aber eine sehr gute.*'

Reportage von Josef Pütz
Aus: Leben & Erziehen, 4 / 2000,
Weltbild Verlag Augsburg

Nachtrag Januar 2004: Frau Hillmer berichtet: „Philine ist jetzt vier Jahre alt. Sie hat sich prächtig entwickelt. Sie genießt körperliche Nähe, kuschelt viel und gerne. Sie lernte sehr früh sprechen, liebt Sprachspiele und Reime, und singt mit Freude Kinderlieder. Mit zwei Jahren ging sie begeistert in eine Kindergruppe mit Musik und Bewegung und heute klimpert sie mit Leidenschaft auf einer Kindergitarre herum. Philine ist kein scheues Kind, aber sehr empfindsam und mitfühlend in ihrer Seele, wenn andere Menschen leiden". (M. N.-R. / M.-L. Z.)

Bücher für zu Hause – eine Auswahl

Fachbücher

Decker-Voigt, Hans-Helmut (1999): Mit Musik ins Leben. Wie Klänge wirken: Schwangerschaft und frühe Kindheit. Ariston, Kreuzlingen
Müller-Rieckmann, Edith (2000): Das frühgeborene Kind in seiner Entwicklung. 3. Aufl. Ernst Reinhardt, München
Nöcker-Ribaupierre, Monika (Hrsg.) (2003): Hören – Brücke ins Leben. Musiktherapie mit früh- und neugeborenen Kindern. Vandenhoeck & Ruprecht, Göttingen
Porz, Friedrich, Erhardt, Hans (2003): Case-Management in der Kinder- und Jugendmedizin. Neue Wege in der Nachsorge. Thieme, Stuttgart
Sarimski, Klaus (1999): Frühgeburt als Herausforderung. Hogrefe, Göttingen

Fingerspiele, Lieder und Reime

Dannecker, Elke (Hrsg.) (2001): Die schönsten Gute-Nacht-Lieder. Gut einschlafen mit Liedern, Versen, Geschichten und Fingerspielen. Ravensburger Buchverlag Otto Maier, Ravensburg
Flad, Antje (Ill.) (2003): Meine erste Liederfibel. Patmos, Düsseldorf
Hancke, Martina (2003): Kinder fördern, aber richtig. Südwest, München
Janosch (1994): Das große Buch der Kinderreime. Diogenes, Zürich
Kreusch-Jakob, Dorothee (2003): Finger spielen – Hände tanzen. Don Bosco Medien, München
Kreusch-Jakob, Dorothee (1990): Heut Nacht steigt der Mond übers Dach. Kinder- und Abendlieder. CD. Universal Vertrieb, Berlin
Teltau, Irmtraud (2001): Morgens früh um sechs kommt die kleine Hex. Meine schönsten Kinderreime. Arena, Würzburg

Literatur

Achenbach, T. M., Howell, M. S., Aoki, M. F., Rauh, V. A. 1993): Nine-year outcome of the Vermont intervention program for low birth weight infants. Pediatrics 91(1), 45–55

Ainsworth, M. D. S. (1977): Feinfühligkeit versus Unempfindlichkeit gegenüber Signalen des Babys. In: Grossmann, K. E. (Hrsg.): Entwicklung der Lernfähigkeit in der sozialen Umwelt. Kindler, München

Albrecht, K., Zimmer, M.-L.(2000): Auditive Stimulation bei Frühgeborenen. In: Lison, A. E., Diehl, H. A.(Hrsg.): Medizinische Forschung und Gesundheitswissenschaften in Bremen. Pabst, Lengerich

Als, H. (1998): Developmental care in the newborn intensive care unit. Current Opinion in Pediatrics 10, 138–142 – (1999): Reading the preterm infant. In: Goldson, E.(Hrsg.): Nurturing the Premature Infant: Developmental Interventions in Newborn Intensive Care. Oxford University Press, London, 18–85

–, Gilkerson, L. (1997): The role of relationship-based developmentally supportive newborn intensive care in strengthening outcome of preterm infants. Seminars in Perinatology 21(3), 178–189

American Academy of Pediatrics, Committee on Environmental Health (1997): Noise: a hazard for the fetus and newborn. Pediatrics 100 (4), 724–727

Antonovsky, A.(1987): The Salutogenic Perspective: Toward a New View of Health and Illness. Advances, Institute for the Advancement of Health, 4 (1), 47–55

Barnett, R. C., Baruch, G. K. (1985): Women's involvement in multiple roles and psychological distress. Journal of Personality and Social Psychology 49, 135–145

Bettelheim, B. (1985): Die Geburt des Selbst. Fischer, Frankfurt

Bibring, G., Dwyer, T. F., Huntington, D. S., Valentin, A. F. (1961): A study of the psychological processes in pregnancy and the earliest mother-child relationship. Some propositions and comments. The Psychoanalytic Study of the Child 16, 9

Birnholtz, J. C., Benaceraff, B. R. (1983): The development of human fetal hearing. Science, 222, 516

Bissegger, M. (2000): Grenzerfahrungen bei frühgeborenen Kindern und ihren Müttern. In: Beiträge zur Musiktherapie Kairos V. Hans Huber, Bern

Bowlby, J. (1975): Bindung. Kindler, München

Brazelton, B. T., Koslowski, B., Main, M. (1974): Origins of reciprocity. The early mother-infant interaction. In: Lewis, M., Rosenblum, L. A. (Hrsg): The effect of the infant on its caregiver. Wiley-Interscience, New York, 49 ff

– (1975): Babys erstes Lebensjahr. dtv, München

Briggs, C. (1991): A model for understanding musical development. Journal of Music Therapy, 10(1), 1–21

Busnel, M. C., Mosser, Ch., Relier, J. P. (1986): Preliminary results on the effect of acoustic stimulation on premature infants. Pediatric Research 20, 1056

Caine, J. (1991): The effect of music on the selected stress behaviors, weight, caloric and formula intake, and length of hospital stay of premature and low birth weight neonates in a newborn intensive care unit. Journal of Music Therapy 28/4, 180–192

Caplan, G. (1960): Patterns of parental response to the crisis of premature birth. Psychiatry, 23, 365–374

Cassidy, J. W., Standley, J. (1995): The effect of music listening on physiological responses of premature infants in the NICU. Journal of Music Therapy, 32(4), 208–227

Chapman, J. S. (1979): Influence of varied stimuli on development of motor patterns in the premature infant. In: Anderson, G. , Raff, B. (Hrsg.): Newborn Behavioral Organization: Nurs Res and Impl. Alan Liss, New York, 61–80

Coleman, J. M., Pratt, R. R., Stoddard, R. A., Gerstmann, D. R., Abel, H.-H. (1998): The effects of male and female singing and speaking voices on selected behavioural and physiological measures of premature infants in the intensive care unit. International Journal of Arts Medicine, 5(2), 4–11

Condon, C. K., Sander, L. (1974): Neonate movement is synchronized with adult speech. Science 183:99.

Cramer, B. (1987): Reaktion einer Mutter auf eine Frühgeburt. In: Klaus, M. H., Kennell, J. H. (Hrsg.): Mutter-Kind-Bindung (218 ff).dtv, München

DeCasper, A. F., Spence, M. J. (1986): Newborns prefer a familiar story over an unfamiliar one. Infant Behavior Development 9, 133–150

Decker-Voigt, H.-H. (1999): Mit Musik ins Leben. Ariston, Kreuzlingen

Duffy, F. H., Mower, G. D., Jensen, F, Als, H. (1984): Neural plasticity: a new frontier for infant development. In: Fitzgerald, H. E., Lester, B. M., Yogman, M. W. (Hrsg.): Theory and Research in Behavioral Pediatrics 2, Plenum Press, New York, 67–96

–, Als, H., McAnulty, G. B. (1990): Behavioral and electrophysiological evidence for gestational age effects in healthy preterm and fullterm infants studied 2 weeks after expected due date. Child Development 61, 1271–1286

Eagle, M. N. (1988): Neuere Entwicklung in der Psychoanalyse: Eine kritische Würdigung. Internationale Psychoanalyse, München / Wien

Ferreira, A. J. (1965): Emotional factors in prenatal environment. Journal of Nervous and Mental Disease 141, 108

Field, T. M., Woodson, R., Greenberg, R., Cohen, D. (1982): Discrimination and imitation of facial expressions by neonates. Science 218, 179

Fischer, C., Als, H. (2003): Was willst du mir sagen? Individuelle beziehungsgeführte Pflege auf der Neugeborenen-Intensivstation zur Förderung der Entwicklung frühgeborener Kinder. In: Nöcker-Ribaupierre, M. (Hrsg.): Hören – Brücke ins Leben. Musiktherapie mit früh- und neugeborenen Kindern. Vandenhoeck & Ruprecht, Göttingen

Frantz, R. L. (1963): Pattern vision in newborn infants. Science 140, 296

Freud, S. (1905): Drei Abhandlungen zur Sexualtheorie. Ges. Werke 5, 27. Fischer, Frankfurt

Gerhardt, K. J., Huang, X., Arrington, K. E., Meixner, K., Abrams, R. M., Antonelli, P. J. (1996): Fetal sheep hear through bone conduction. American Journal of Otolaryngology 17, 374–379

Glass, J. D., Avery, G. B., Subramanian, K. N. S., Keys, M. P., Sostek, A. M., Freindley, D. S. (1985): Effect of bright light in the hospital nursery on the incidence of retinopathy of prematurity. The New England Journal of Medicine 313, 401

Gorski, P. A., Huntington, L., Lewkovicz, D. J. (1990): Handling preterm infants in hospitals: Stimulating controversy about timing of stimulation. Clinical Perinatology 17(1), 103–112

Graven, S. (2000): The full-term and premature newborn: Sound and the developing infant in the NICU: Conclusions and recommendations for care; Journal of Perinatology 20, 88–93

Grothe, B. (1995): Evolution der akustischen Kommunikation. Symposium „Musiktherapie in der Rehabilitation von Patienten mit erworbenen Hirnschäden". Krankenhaus Bogenhausen (unveröffentlichtes Manuskript), München

Gustorff, D.; Hannich, H.-J. (2000): Jenseits des Wortes. Hans Huber, Bern

Heim, E. (1997): Der Bewältigungsprozeß in Krise und Krisenintervention. In: Schnyder, U.; Sauvant, J. D.: Krisenintervention in der Psychiatrie. Hans Huber, Bern, 27–43

Hepper, P. G., Shaidullah, B. S. (1994): Development of fetal hearing. Archives of Disease in Childhood 71, 81–87

Hüppi, P. S., Schuknecht, B., Boesch, C., Bossi, E., Felblinger, J., Fusch, C., Herschkowitz, N. (1996): Structural and neurobehavioral delay in postnatal brain development of preterm infants. Pediatric Research 39, 895–901

–, Maier, S. E., Peled, S., Zientara, G. P., Barnes, P. D., Jolesz, F. A., Volpe, J. J. (1998): Microstructural development of human newborn cerebral white matter assessed in vivo by diffusion tensor imaging. Pediatric Research 44, 584–590

Jacobson, G. F. (1974): Programs and techniques of crisis intervention. In: Arieti, S. (Hrsg.): American Handbook of Psychiatry, 2/55, Basic Books, New York, 810–823

Janus, L. (1997): Wie die Seele entsteht. Mattes, Heidelberg

Katz, V. (1971): Auditory stimulation and developmental behaviour of the premature infant. Nursing Research 20(3),196–201

Kast, V. (1999): Trauern. 2. erw. Aufl. Kreuz, Stuttgart

Klaus, M. H., Kennell, J. H. (1987): Mutter-Kind-Bindung. dtv, München

–, Klaus, P. H. (1988): Neugeboren. Kösel, München

Kübler-Ross, E. (1987): Interviews mit Sterbenden. Mohn, Gütersloh

Lipsitt, L. P. (1977): The study of sensory and learning processes in the newborn. Clinical Perinatology 4, 163

Loewy, L. V. (2003): Ein klinisches Modell für Musiktherapie. In: Nöcker-Ribaupierre, M. (Hrsg.): Hören – Brücke ins Leben. Musiktherapie mit früh- und neugeborenen Kindern. Vandenhoeck & Ruprecht, Göttingen

Logan, B. (1991): Infant outcomes of a prenatal stimulation pilot study. Journal of Prenatal and Perinatal Psychology and Health 6 (1),7–31

Long, J. G., Lucey, J. F., Philip, A. G. S. (1980): Noise and hypoxemia in the intensive care nursery. Pediatrics 65, 143–145

Loos, G. K. (1986): Spiel-Räume. G. Fischer, Stuttgart

– (1995 a): Herzschlag als Auftakt zur Lebensmusik. In: Freies Musikzentrum München: Beiträge zur Musiktherapie 1, 50–60

– (1995 b): Der Dialog in der Musiktherapie zwischen diagnostischen und therapeutischen Dimensionen. Musiktherapeutische Umschau 16, 5–15

– (1998): Vortrag unveröffentlicht, Bremen

MacFarlane, A. (1975): Olfaction in the development of social preferences in the human neonate. In: Parent-Infant-Interaction. CIBA Foundation Symposium Basel 33

Maiello, S. (2003): Die Bedeutung pränataler auditiver Wahrnehmung und Erinnerung für die psychische Entwicklung – eine psychoanalytische Perspektive. In: Nöcker-Ribaupierre, M.(Hrsg.): Hören – Brücke ins Leben. Musiktherapie mit früh- und neugeborenen Kindern. Vandenhoeck & Ruprecht, Göttingen

Malloy, G. B. (1979): The relationship between maternal and musical auditory stimulation and the developmental behaviour of premature infants. In: Anderson, G. C., Raff, E. (Hrsg): Newborn behaviour organisation. Nurs Res and Impl New York

Marcovich, M. (1997): Vom sanften Umgang mit Frühgeborenen. In: Rinnhofer, H. (Hrsg.): Hoffnung für eine Handvoll Leben. Rowohlt, Reinbek

McCormick, M. C., McCarton, C., Brooks-Gunn, J., Belt, P., Gross, R. T. (1998): The Infant Health and Development Program: interim summary. Journal of Developmental & Behavioral Pediatrics 19: 359–70.

Mennella, J. A., Jagnow, C. P., Beauchamp, G. K. (2001): Prenatal and postnatal flavor learning by human infants. Pediatrics 107(6)
http://www.pediatrics.org/cgi/content/full/107/6/e88

Minde, K. (1984):The impact of prematurity on the later behavior of children and their families. Clinics in Perinatology 11 (1), 227–244

Nagy, Z., Westerberg, H., Skare, S., Andersson, J. L., Lilja, A., Flodmark, O., Fernell, E., Holmberg, K., Böhm, B., Forssberg, H., Lagercrantz, H., Klingberg, T. (2003): Preterm children have disturbances of white matter at 11 years of age as shown by diffusion tensor imaging. Pediatric Research 54, 5, 672–679

Newman, L. E. (1980): Parents perception of their low birth weight infants. Pediatrician 9,182

Nöcker, M., Güntner, M., Riegel, K.P. (1987): The effect of the mother's voice on the physical activity and the tcPO2 of very premature infants. Pediatric Research 22, 221

Nöcker-Ribaupierre, M. (1995): Auditive Stimulation nach Frühgeburt. G. Fischer, Stuttgart

– (Hrsg.) (2003): Hören – Brücke ins Leben. Musiktherapie mit früh- und neugeborenen Kindern. Vandenhoeck & Ruprecht, Göttingen

Papoušek, H., Papoušek, M. (1991): The meanings of melodies in motherese in tone and stress language. Infant Behavior and Development 14, 415–550, Journal of the American Medical Association 284, 1939–1947

Philbin, K. M. (2000): The influence of auditory experience on the behavior of preterm newborns. Journal of Perinatology 2, 77–87

Porz, F. (2003): Case-Management in der Nachsorge bei Früh- und Risikoneugeborenen. In: Porz, F., Erhardt, H. (Hrsg.): Case-Management in der Kinder- und Jugendmedizin. Neue Wege in der Nachsorge. Thieme, Stuttgart, 31–34

Prechtl, H. F. R. (1986): Prenatal motor development. In: Wade, M. G., Whiting, A. (Hrsg.): Motor development in children. Aspects of coordination and control. Martinus Nijhoff, Dordrecht

Reiter, L., Strotzka, H. (1977): Der Begriff der Krise. Ideengeschichtliche Wurzeln und aktuelle Probleme des Krisenbegriffes. Psychiatria Clinica 10, 7–26

Riegel, K. P., Ohrt, B., Wolke, D. (1995): Die Entwicklung gefährdet geborener Kinder bis zum fünften Lebensjahr. Enke, Stuttgart

Righetti, P. L. (1996): The emotional experience of the fetus: a preliminary report. Journal of Prenatal and Perinatal Psychology and Health, 11(1): 55–65

Rottmann, G. (1974): Untersuchungen zur Einstellung zur Schwangerschaft und zur fötalen Entwicklung. In: Graber, G. H.(Hrsg.): Pränatale Psychologie. Kindler, München, 68 ff

Rubel, E. W. (1984): Ontogeny of auditory system function. Annual Review of Physiology 46, 213

Sarimski, K. (2000): Frühgeburt als Herausforderung. Hogrefe, Göttingen

Schnyder, U. (1996): Ambulante Krisenintervention In: Schnyder, U., Sauvant, J. D.: Krisenintervention in der Psychatrie. Hans Huber, Bern, 55–74

Schwartz, F. J., Ritchie, R. (1999): Music listening in neonatal intensive care units. In: Dileo, C. (Hrsg.): Music Therapy and Music in Medicine. Theoretical and Clinical Applications. 2. Aufl. American Music Therapy Association, Maryland

– (2003): Medizinische Musiktherapie – ein Forschungsüberblick. In: Nöcker-Ribaupierre, M. (Hrsg.): Hören – Brücke ins Leben. Musiktherapie mit früh- und neugeborenen Kindern. Vandenhoeck & Ruprecht, Göttingen

Segall, M. (1971): Cardiac responsivity to auditory stimulation in preterm infants. Nursing Research 20, 196

Sheth, R. D., Mullett, M. D., Bodensteiner, J. B., Hobbs, G. R. (1995): Longitudinal head growth in developmentally normal preterm infants. Archives of Pediatrics and Adolescent Medicine 149, 1358–1361

Smith, L., Gerhardt, K. J., Griffiths, S. K., Huang, X., Abrams, R. M. (2003): Intelligibility of sentences recorded from the uterus of a pregnant ewe and from the fetal inner ear. Journal of Audio- and Neuro-Otology 8, 347–353

Soulé, M. (1990): Das Kind im Kopf. Das imaginäre Kind. In: Stork, J. (Hrsg.): Neue Wege zum Verständnis der allerfrühesten Entwicklung. Frommann-Holzboog, Stuttgart, 20–80

Spintge, R., Droh, R. (1992): Musik – Medizin. G. Fischer, Stuttgart

Standley, J. M., Madsen, C. K. (1990): Comparison of infant preferences and responses to auditory stimuli: Music, mother and other female voice. Journal of Music Therapy 26 (2), 54–97

–, Moore, R. (1995). Therapeutic effects of music and mother's voice on premature infants. Pediatric Nursing 1, 90–95

– (1998 a): Effect of Music Intervention on Head Circumference of Premature Infants: a Post-Hoc Analysis of Music Research in Neonatal Intensive Care. Paper presented at the National Convention of American Music Therapy Association, Cleveland (OH)

– (1998 b): Music therapy research with premature infants: clinical implications. In: Pratt, R. R., Erdonmez Grocke, D. (Hrsg.): Music Medicine 3: Expanding Horizons. Melbourne: University of Melbourne

Stern, D. N. (1992): Die Lebenserfahrung des Säuglings. Klett-Cotta, Stuttgart

– (1998): Die Mutterschafts-Konstellation. Klett-Cotta, Stuttgart

Tomatis, A. A. (1994): Der Klang des Lebens. Rowohlt, Reinbek

Winnicott, D. W. (1965): The Maturational Processes and the Facilitating Environment. Hogarth Press, London

Wolke, D., Eldrige, T. (1991): Environmental care. In: Campbell, A. G. M., McIntosh, T. (Hrsg.): Forfar and Arneils Textbook of Pediatrics. Churchill Livingstone, Edinburgh

Zahr, L. K., Traversay, J. D. (1995): Premature infant responses to noise reduction by earmuffs: effects on behavioral and physiologic measures. Journal of Perinatology 15(6), 448–455

Zimmer, M.-L. (2003): Zu früh geborene Kinder haben „zu früh geborene Mütter". In: Nöcker-Ribaupierre, M. (Hrsg.): Hören – Brücke ins Leben. Musiktherapie mit früh- und neugeborenen Kindern. Vandenhoeck & Ruprecht, Göttingen

Glossar

ADS: Attention Deficit Syndrom = Aufmerksamkeitsstörung
Amplitude: größter Ausschlag einer Schwingung
antizipatorische Trauer: vorweggenommene Trauer
Apnoen: Atempausen
Bronchopulmonale Dysplasie (BPD): multifaktoriell bedingte Lungenerkrankung, die vermutlich erst nach einer Beatmungszeit von 6 Tagen entsteht
Bradycardien: Verlangsamung des Herzschlags
Cerebralparese: Lähmungen, die vom Zentralnervensystem ausgehen
Copingstrategien: eigene Strategien, mit Problemen fertig zu werden
Corti-Organ: Sinnesepithel der Gehörschnecke, das eigentliche Hörorgan
dB (Dezibel): Maßeinheit für Lautstärke
Elektrophysiologie: Untersuchungen mit elektrischem Strom (z. B. EEG, EKG ...)
endokrinologisch: mit innerer Sekretion verbunden (z. B. Drüsen)
Exekutivregulationsstörungen: Störungen der Fähigkeit, etwas auszuführen
Fetus: Ungeborenes ab dem 4. Schwangerschaftsmonat
Frequenz: Schwingungen der Wellen, die die Tonhöhe bestimmen
Gestationsalter: Alter der Schwangerschaft in Wochen
Gestose: eine Form der Schwangerschaftserkrankung
Habituation: Gewöhnung
Hz (Hertz): Maßeinheit der Tonhöhe
iatrogene Hörschäden: Hörschäden, die durch ärztliche Maßnahmen hervorgerufen wurden
Intervall: Abstand zwischen 2 Tönen:
Sekunde: 1 Ton Abstand
Terz: 3 Töne Abstand
Oktave: 8 Töne Abstand
intrauterin: innerhalb der Gebärmutter (Uterus)
invasiv: eindringend (stechen oder schneiden)
Konditionierung: das Ausbilden bedingter Reaktionen bei Mensch und Tier (angelernter Reflex)
Koordinationsstörung: Bewegungsstörung
Kortex: Gehirnrinde
Latenzzeit: die Zeit zwischen Reiz und Reaktion
lbw: low birth weight = niedriges Geburtsgewicht
Leier: Saiteninstrument

limbisches System: Zentrum im Gehirn, das das hormonale und vegetative Nervensystem beeinflusst und von dem gefühlsmäßige Reaktionen auf Reize aus der Umwelt ausgehen

Lumen: Maßeinheit für den Lichtstrom

mikrostrukturell: in kleinsten Strukturen

Myelinisierung: Entstehung des Stützgewebes um die Nervenzellen

Narzissmus (psychoanalytisch): Eigenliebe

Neokortex: Großhirnrinde

Neonatologie: Zweig der Kinderheilkunde, der sich mit Neugeborenen befasst

Newborn Intensive Care Unit (NICU): Neugeborenen-Intensivstation

non-nutrives Saugen: Saugen ohne Nahrungsaufnahme (z. B. mit Schnuller oder Daumen)

Objektliebe (psychoanalytisch): Liebe, die auf den anderen gerichtet ist

Ontogenese: Individualgeschichte

ototoxische Medikamente: Medikamente, die den 8. Gehirnnerv (für Ohr und Gleichgewicht) schädigen

Ocean drum: Fellinstrument

pentatonisch: fünfstufiges halbtonloses Tonsystem in der Musik

perinatal: der Zeitraum um die Geburt herum

Phylogenese: Stammesgeschichte

PMA (postmenstruelles Alter in Wochen): Alter des Feten vom Tag der letzten Periode an gerechnet

postnatal: nach der Geburt

pränatal: vor der Geburt

Prävention: Vorbeugung

Prognose: Voraussage einer Krankheit

psychosozial: psychische Reaktionen durch soziale Gegebenheiten bedingt

Retinopathie: Erkrankung des Auges

Rhythmus: gleichmäßige periodisch wiederkehrende Bewegung

Schlitztrommel: Holzschlaginstrument

signifikant: bedeutsam: positives Ergebnis im wissenschaftlichen Testverfahren

SSW: Schwangerschaftswoche

Stirnlappen: Teil des Großhirns an der Stirnseite des Kopfes

subkortikal: unterhalb der Gehirnrinde gelegen, im Marklager oder im Hirnstamm

synchronisieren: in zeitliche Übereinstimmung bringen

Thalamus: Hauptteil des Zwischenhirns: zentrale Sammel- und Umschaltstelle für Schmerz- und Empfindungsregulierung

tcPO$_2$: transkutan gemessener Sauerstoff

vlbw: very low birth weight = sehr niedriges Geburtsgewicht

Wahrnehmungsbereiche: akustisch = hören
haptisch = berühren
taktil = fühlen
visuell = sehen

Sachregister

Affektstarre 68, 70
Aktivität 39, 56
Angst 11, 18, 32f, 36, 47, 50, 57, 63f, 70
Atemrhythmus 30, 36, 43, 76
Auditive Stimulation 54f, 57f, 61, 75, 88
ausländische Mitbürger 73f
Aufnahme 56, 61–64, 66, 72, 75, 83

Beruhigung 8, 24, 30, 54, 80
Beziehung 8, 30, 37, 47f, 52f, 54, 57, 70f, 78, 87, 90
Bindung, Bonding 9, 13, 32–43, 49, 53f, 74, 88, 90
Bindungsentwicklung 40
Bindungsqualität 64

Chaos 43, 70
Copingstrategien 59, 61f

Depression 71
Dialog 9, 24, 31, 42, 64, 72, 76

Eltern 8, 13, 16, 26, 31, 40f, 48, 50, 66f, 73f, 81, 84, 87–92
Entbindung 34, 48, 55, 67
Entlassung 45, 48, 62, 67, 94
Entspannung 54, 62
Entwicklung 8, 12, 18, 21f, 26, 29–32, 53, 58, 76, 80, 85, 88
Entwicklungsprobleme 12, 44f

Fähigkeiten, des Kindes 20, 23, 25, 40, 56, 79
–, der Mutter 36, 39, 59, 84
Familie 48, 59f, 70, 81
Frequenzen 17, 22f, 42f
Frühförderung 28, 77
Frühgeburt (frühe Entbindung, zu frühe Geburt) 12f, 26, 39f, 42–50, 54f, 67, 72f, 92
Frühprävention s. Prävention

Geborgenheit 15, 29f, 51, 55, 76
Geburt, vor der Geburt 15, 20f, 74

–, nach der Geburt 22f, 28, 35, 40f, 51, 63, 67, 69, 85
Gehirn 15, 44
Geräusch 32
Geräuschkulisse 30, 107
Gespräch 62, 64, 67, 70, 75, 89
Gleichgewicht 53, 88

Herzschlag 27, 29, 36, 42f, 52, 81
Hilfe, therapeutische 30f, 39, 41, 45, 50, 54, 60, 63, 67, 74, 84, 87f
Hirnentwicklung 21, 44
Hören (Gehör) 85
Hörentwicklung 16, 20–25
Hormonspiegel 52

Identität 71
Inkubator 14f, 43, 57, 61, 74, 78, 81f
Intensivstation 14f, 17
Intensivstress 18f, 28–31, 43f, 54, 63, 72, 78
Interaktion 32, 39–41, 80
Intervention 9

Klang 23, 43, 51f, 63
Klangcode 53
Klanghülle 31
Kommunikation 41, 53, 88
Kompetenz 24, 31, 41, 43, 50, 71
Kontakt 8, 38, 50f, 62, 71, 74f
Kopfhörer 22, 82
Kopfwachstum 29f
Krankenhaus/Klinik 8, 19, 31, 45, 48, 81, 84, 91
Krisen 33, 45, 58f
Krisendefinition 58f
Krisenintervention 49, 58–75

Langzeitentwicklung, Studien 12, 28, 58
Lautsprecher 57, 82
Lautstärke 17f, 57, 64, 81f
Leben 10, 30, 35, 77, 88
– der Mutter 30, 35f, 64, 69f
Liebe 29, 42, 49, 57, 88

–, narzisstische 34f, 45
–, Objektliebe 34, 45
Lieder (s. a. Wiegenlieder) 27f, 45, 79f, 80, 81, 85, 87

medizinische Probleme 12–16, 36, 40, 87
Mehrlingsgeburt 74
Melodie 43, 52, 81, 87
Musik 53f, 78–88
–, Lifemusik 30f
Musikinstrumente 86
Musiktherapie 9, 30f, 50, 54, 87f
–, medizinische 28f
Musikverarbeitung 21
Mutterstimme 9, 18, 22, 27, 29, 42f, 51–53, 56f, 63, 75–77
Mutterleib 14f, 24, 34, 36, 42f, 52
Mutterschaftskonstellation 40f, 49

Narzissmus 34, 45

Objektbeziehung/-liebe 34, 45, 56

Pflege 13, 49f, 92
Pflegemutter 75
Prävention/Frühprävention 26, 76f, 80, 91
Psychoanalyse 35, 45
Psychotherapie 45, 67

Regulation 44, 56
Resonanz 40, 56, 77
Ressourcen 59f, 61
Rhythmus 30, 42, 80f

Salutogenese 59
Sanfte Pflege 16
Schlaf 17, 24, 82
Schmerzempfinden 19
Schwangerschaft 24f, 33–38, 40, 45, 49, 55, 63, 68
Schuldgefühle 47, 75

Schwestern/Pflegepersonal 16, 61, 66, 73, 78, 82, 90f
Selbstgefühl 56
Selbsthilfegruppen 89–92
Sinnesorgane 21, 53
–, Augen 15, 21, 23f
–, Haut, Tastsinn 21, 24, 51
–, Hörorgan 21f
Sozialverhalten 56
Spieluhr 82, 86
Sprache 42f, 53, 73, 85, 87
Sprachentwicklung 85
Stabilisierung 51, 59f
Stimme 18, 23, 63, 79, 80, 81–83, 86
Stimmaufnahme 61, 63, 78
Stimulation 53, 78–80, 86
–, sensorisch/multimodal 26, 30
Stress 18f
Stressminderung 30f, 63
Symbol 53

Trauer 36, 45, 59, 68–71
Trauma 42, 43, 48
Trennung 35, 39, 48, 69

Übergangssituationen 86
Unruhe 18, 79
Unterstützung 39, 49, 60, 71, 84

Vater (s. a. Eltern) 50, 75, 87
Verbindung 50, 51, 63
Verhalten 24, 37f, 58
Verhaltensbeobachtung 24, 32
Verlust 32, 46, 68
Vitalitätsaffekte 56

Wachstum 15, 18, 33, 80
Wahrnehmung 53
–, kreuzmodale 24, 25
Wiegenlieder (s. a. Lieder) 27f
Wut/Zorn 48, 70

Zeitgefühl 84

Edith Müller-Rieckmann
Das frühgeborene Kind in seiner Entwicklung

Mit einem Geleitwort von Otwin Linderkamp

3., neu bearb. und erw. Auflage 2000
148 Seiten. 4 Abb. Zahlr. Tab.
(3-497-01546-6) kt

Wie wichtig es ist, während und nach der Betreuung von Frühgeborenen gerade die Eltern gezielt zu beraten, zeigt die Autorin in eindringlicher Weise anhand eines erprobten Präventiv-Modells: Eltern werden informiert und beraten in psychosomatischer, psychosozialer, entwicklungspsychologischer und frühpädagogischer Hinsicht.

Eltern, die nach dem interdisziplinären, kombinierten Modell beraten wurden, gewinnen früh Vertrauen in die ihnen bevorstehende Verantwortung. Durch rechtzeitige stationäre Anleitung konnten sie nach dem Klinikaufenthalt des Frühgeborenen das gemeinsame Eingewöhnen in das veränderte Zuhause besser vorbereiten und bewältigen. Speziell für die Eltern wurde ein Beobachtungsbogen entwickelt, anhand dessen die Entwicklung des frühgeborenen Kindes auch über Monate und die ersten Jahre hinweg festgestellt werden kann. Angebote für Hausbesuche und ambulante Betreuung runden das Präventivprogramm ab.

Aus dem Inhalt
Vorgeburtliches Leben
Frühgeburtlichkeit – Risiken und Chancen
Zur neonatologischen Betreuung von Frühgeborenen
Frühgeborene entwickeln sich individuell
Die Eltern-Kind-Beziehung
Spielende Pflege
Vielfältige Entwicklung
Entwicklungsübersichten
Der Beobachtungsbogen
Entwicklungshabilitation für Frühgeborene
Übungen mit frühgeborenen Kindern
Eltern können viel tun
Entwicklungsberatung für Niklas
Was wurde aus meinen Kindern? – Ein Nachwort
Fremdworterklärungen und Abkürzungen
Literatur

Ernst Reinhardt Verlag • München Basel
E-Mail: info@reinhardt-verlag.de
http://www.reinhardt-verlag.de

Jürgen Kühl (Hrsg.)
**Autonomie und Dialog –
kleine Kinder in der Frühförderung**

Die neuere Säuglings- und Bindungsforschung hat den „kompetenten Säugling" entdeckt. Babys und kleine Kinder sind nicht nur passiv ihrer Umwelt ausgesetzt, sondern können Reize sensibel wahrnehmen und mit einem vielfältigen Bewegungsrepertoire darauf reagieren. So entsteht ein subtiler Dialog mit den Eltern oder anderen Bezugspersonen, den bereits kleinste Kinder aktiv und autonom mitgestalten. Auch Kinder mit Entwicklungsbeeinträchtigungen verfügen über dieses Potential, Beziehungen zur Umwelt aufzubauen. Sie werden jedoch häufiger „missverstanden". Hier greift die Frühförderung stützend ein, indem sie das Verhalten dieser Kinder in ihrer spezifischen Lebenswelt beobachtet, systematisch reflektiert und den Eltern verständlich macht.

(Beiträge zur Frühförderung interdisziplinär; 5)

1999. 98 Seiten
2 Abb. 2 Tab.
(3-497-01496-6) kt

Christoph Leyendecker (Hrsg.)
Große Pläne für kleine Leute

„Große Pläne für kleine Leute" werden in der frühen Förderung behinderter und von Behinderung bedrohter Kinder engagiert umgesetzt. Die interdisziplinäre Frühförderung hat im System von Gesundheit und Erziehung ihren festen Platz gefunden. Damit die Pläne nicht in den Wind geschrieben sind, bedürfen sie der kritischen Reflexion. Vor allem müssen sie den Bedürfnissen von Kind und Familie entsprechen.
Namhafte Fachleute aus Wissenschaft und Praxis behandeln in diesem Buch das breite Themenspektrum der Frühförderung: Finanzierung, Diagnose, konzeptionelle Aufgaben, interdisziplinäre Zusammenarbeit, Förderkonzepte in der Praxis und Qualitätskontrolle. Das Buch gibt damit einen Überblick über die vielfältigen Aufgabenbereiche der Frühförderung und wertvolle Hinweise für die Praxis und Qualitätssicherung.

Grundlagen, Konzepte und Praxis der Frühförderung

(Beiträge zur Frühförderung interdisziplinär; 6)

2. Auflage 2002
379 Seiten. 44 Abb.
16 Tab.
(3-497-01517-2) kt

Ernst Reinhardt Verlag • München Basel
E-Mail: info@reinhardt-verlag.de
http://www.reinhardt-verlag.de

ℝ/ reinhardt

Hans Weiß (Hrsg.)
Frühförderung mit Kindern in Armutslagen

(Beiträge zur Frühförderung interdisziplinär; 7)

2000. 261 Seiten
5 Abb. 13 Tab.
(3-497-01539-3) kt

Entwicklungsgefährdete Kinder, die unter ökonomischer Benachteiligung aufwachsen, sind mit zusätzlichen Risiken konfrontiert. Um den besonderen Bedürfnissen dieser Kinder stützend begegnen zu können, hat die Frühförderung Strategien und Interventionsansätze entwickelt. Das vorliegende Buch beschreibt die besonderen Lebens- und Entwicklungsbedingungen von Kindern in Armut und macht die Zusammenhänge bei Behinderung und Entwicklungsgefährdung deutlich. Forschungsergebnisse zur Wirksamkeit früher Hilfen und zur Resilienz werden für die Praxis ausgewertet. Anwendungsorientierte Strategien zeigen, wie man mit der Beziehungsdynamik in den Familien und mit Spannungen zwischen Familie und Fachleuten umgehen kann. Außerdem informiert das Buch über institutionelle Hilfesysteme und gesetzliche Rahmenbedingungen.

Manfred Pretis (Hrsg.)
Frühförderung planen, durchführen, evaluieren

(Beiträge zur Frühförderung interdisziplinär; 8)

2001. 144 Seiten
28 Abb. 21 Tab.
(3-497-01551-2) kt

Neben Fachwissen und Intuition sind in der Frühförderung professionelle Kommunikationsstrategien unverzichtbar. Sie machen das Vorgehen transparent und erlauben, die Effizienz und Qualität der eigenen Arbeit im Team zu reflektieren und kritisch zu überprüfen.
Der Autor analysiert systematisch den zeitlichen Ablauf des Frühförderprozesses und zeigt, wo es zu schwierigen Situationen kommen kann. Er vermittelt einen Handlungsleitfaden vom Erstkontakt bis zum Abschlussgespräch und illustriert ihn mit zahlreichen Praxisbeispielen. Fragen zur Selbstevaluation laden dazu ein, den Erfolg der eigenen Arbeit in jedem Stadium zu bewerten.

ℝ reinhardt

Ernst Reinhardt Verlag • München Basel
E-Mail: info@reinhardt-verlag.de
http://www.reinhardt-verlag.de

Hannes Brandau/Manfred Pretis/
Wolfgang Kaschnitz
ADHS bei Klein- und Vorschulkindern

Welche Förderung brauchen hyperaktive Klein- und Vorschulkinder? Wie können Eltern kompetent beraten werden? Diesen Fragen gehen die Autoren in ihrem fachlich fundierten Buch nach. Anschaulich informieren sie über Ursachen von Hyperaktivität und geben mögliche Erklärungsversuche. Aus aktuellen Forschungsergebnissen leiten sie praktische Hilfen für Prävention und frühe Förderung ab. Dabei stellen sie spieltherapeutische Interventionen vor und geben Tipps für die Elternberatung und Spielangebote in der Gruppe, die durch viele konkrete Fallbeispiele illustriert sind. Das Buch bietet wegweisende Anregungen für die praktische Arbeit und lädt mit vielen Fragen zur professionellen Selbstbeobachtung ein.

(Beiträge zur Frühförderung interdisziplinär; 9)

2003. 191 Seiten
19 Abb. 13 Tab.
(3-497-01681-0) kt

Jürgen Kühl (Hrsg.)
Frühförderung und SGB IX

Mit dem neuen Sozialgesetzbuch (SGB IX), das im Juni 2001 in Kraft trat, sollen Ansprüche aus unterschiedlichen Leistungsgesetzen zusammengeführt werden. Die so genannte „Komplexleistung Früherkennung und Frühförderung" fordert die Institutionen der Frühförderung heraus.
Das Buch beschäftigt sich mit der Entwicklung des Gesetzes und vor allem mit seinen Auswirkungen auf die interdisziplinäre Frühförderung sowie mit den damit verbundenen Erwartungen und Problemen in der Umsetzung. Es enthält zudem Anregungen zur Weiterentwicklung von Interdisziplinarität, wie sie das Gesetz vorsieht, zu Beiträgen unterschiedlicher Professionen im Rahmen der notwendigen Kooperation und zur Zusammenarbeit mit Eltern.

Rechtsgrundlagen und praktische Umsetzung

(Beiträge zur Frühförderung interdisziplinär; 10)

2004. 158 Seiten
8 Abb. 3 Tab.
(3-497-01707-8) kt

Ernst Reinhardt Verlag • München Basel
E-Mail: info@reinhardt-verlag.de
http://www.reinhardt-verlag.de

ER/ reinhardt

Manfred Pretis/Aleksandra Dimova
Frühförderung mit Kindern psychisch kranker Eltern

(Beiträge zur Frühförderung interdisziplinär; 12)

2004. 188 Seiten
21 Abb. 15 Tab.
(3-497-01711-6) kt

Die Autoren zeigen, wie man Kinder psychisch kranker Eltern in der Frühförderung unterstützen kann: Anhand von Fallbeispielen informieren sie über Störungsbilder der Eltern und erklären, wie das Kind die Erkrankung wahrnimmt. Sie leiten praxisnahe Fördervorschläge und Spiele ab, die die Kinder stärken.

Reflexionsfragen helfen, das eigene Handeln als Fachkraft zu überdenken. Mit konkreten Tipps eröffnen die Autoren neue Wege zur transdisziplinären Arbeit zwischen Psychiatrie, Heilpädagogik und Psychologie.

Walter Straßmeier
Frühförderung konkret

260 lebenspraktische Übungen für entwicklungsverzögerte und behinderte Kinder

5. Auflage 2002
289 Seiten. Zahlr. Illustrationen
(3-497-01613-6) kt

Ein bewährtes, instruktives Arbeitsbuch zur Frühförderung. Die Förderanregungen ermöglichen eine gezielte erzieherische und therapeutische Arbeit mit entwicklungsverzögerten und behinderten Kindern im Alter von 0 bis 5. Zu jeder Aufgabe werden Ziel, Material, methodisches Vorgehen und Querverbindungen detailliert beschrieben.

Ernst Reinhardt Verlag • München Basel
E-Mail: info@reinhardt-verlag.de
http://www.reinhardt-verlag.de